Brennan Manning

Kind in seinen Armen

Edition
AUF:ATMEN

Brennan Manning

Kind in seinen Armen

Gott als Vater erfahren

R. BROCKHAUS VERLAG WUPPERTAL

ERNST FRANZ VERLAG METZINGEN/WÜRTT.

Die Edition AUF:ATMEN
erscheint in Zusammenarbeit
zwischen dem R. Brockhaus Verlag Wuppertal
und dem Bundes-Verlag Witten
Herausgeber Ulrich Eggers

Die amerikanische Originalausgabe erschien
unter dem Titel ABBA'S CHILD
bei NavPress, einer Abteilung von The Navigators, USA
© 1994 by Brennan Manning
All rights reserved

Deutsch von Barbara Trebing

© der deutschen Ausgabe:
R. Brockhaus Verlag Wuppertal 1999
Umschlag: Dietmar Reichert, Dormagen
Gesamtherstellung: Breklumer Druckerei Manfred Siegel KG
ISBN 3-417-24413-7 (R. Brockhaus Verlag)
ISBN 3-7722-0380-9 (Ernst Franz Verlag)

INHALT

Straße meines Lebens 7

1. Aus dem Versteck herauskommen 9
2. Der Schwindler 25
3. Der Geliebte 43
4. Abbas Kind 56
5. Der Pharisäer und das Kind 75
6. Der Auferstandene und Gegenwärtige 95
7. Die Wiederentdeckung der Leidenschaft 114
8. Auf eigenen Füßen stehen 132
9. Der Herzschlag des Rabbis 150

Anmerkungen 168
Über den Autor 172

Mein tiefer Dank gilt Lillian Robinson, M. D., und Arthur Epstein, M. D., die mich in einer sehr schwierigen Phase meines Lebens durch die Dunkelheit ans Licht begleitet haben.

Meiner Frau Roslyn danke ich für ihre Geduld und Ausdauer. Sie ist das größte Geschenk, das ich je bekommen habe.

Straße meines Lebens

Am 8. Dezember 1956 wurde ich in einer kleinen Kapelle in Loretto im Bundesstaat Pennsylvania von Jesus von Nazareth überwältigt.

Die Straße, auf der ich in den mehr als vierzig Jahren, die seitdem vergangen sind, gereist bin, ist gekennzeichnet von katastrophalen Siegen und großartigen Niederlagen, von ungesunden Erfolgen und hilfreichem Versagen. Zeiten von Treue und Verrat, Trost und Elend, Begeisterung und Apathie sind mir nicht unbekannt. Und es gab Zeiten,

— in denen ich die Nähe Gottes deutlicher spürte als den Stuhl, auf dem ich saß;
— in denen das Wort wie ein zurückgeworfener Blitz bis in die hintersten Winkel meiner Seele hineinleuchtete;
— in denen ein heftiges Verlangen mich an Orte trieb, die ich vorher noch nie besucht hatte.

Es gab auch Zeiten,

— in denen ich ein Unschuldslamm war, und dann hat mein weißes Fell Flecken bekommen;
— in denen das Wort so schal war wie zerflossene Eiskrem und reizlos wie eine fade Wurst;
— in denen das Feuer in meiner Brust noch einmal kurz aufflackerte und dann erlosch;
— in denen ich saft- und kraftlose Begeisterung für die Weisheit des Alters hielt;
— in denen ich jugendlichen Idealismus als reine Naivität abtat;
— in denen ich billige Glasstücke der kostbaren Perle vorzog.

Wenn Ihnen das alles nicht ganz fremd vorkommt, dann lohnt es sich für Sie vielleicht, einen Blick in dieses Buch zu werfen, innezuhalten und ganz neu zu entdecken, was es bedeutet, ein Kind des Vaters zu sein.

Brennan Manning

1. Aus dem Versteck herauskommen

Der Gott der Truthähne

Die Hauptperson der Kurzgeschichte *Der Truthahn*[1] von Flannery O'Connor ist ein kleiner Junge namens Ruller – ein ausgesprochener Antiheld. Er hat ein ziemlich schwaches Selbstbewusstsein, denn alles, was er anfasst, geht schief.

Eines Abends, als er schon im Bett liegt, hört er, wie seine Eltern sich über ihn unterhalten. »Ruller ist ein seltsamer Junge«, sagt sein Vater. »Warum spielt er immer allein?«

»Woher soll ich das wissen?«, erwidert seine Mutter.

Eines Tages entdeckt Ruller im Wald einen verwundeten wilden Truthahn. Sofort beginnt er die Verfolgungsjagd. »Oh, wenn ich ihn nur fangen könnte!«, ruft er. Und er würde ihn fangen, und wenn er ihn bis in den nächsten Bundesstaat verfolgen müsste! Er sieht sich schon triumphierend ins Haus marschieren, den Truthahn über der Schulter, und hört die ganze Familie rufen: »Seht nur, Ruller mit einem wilden Truthahn! Ruller, woher hast du denn diesen Vogel?«

»Oh, ich habe ihn im Wald gefangen. Soll ich euch auch einmal einen besorgen?«

Aber dann schießt ihm ein anderer Gedanke durch den Kopf: »Wahrscheinlich lässt Gott mich den ganzen Nachmittag umsonst hinter dem elenden Truthahn herjagen.« Er weiß, er sollte nicht so von Gott denken. Aber was kann er dagegen machen, wenn ihm so zumute ist? Und er fragt sich, ob er wirklich seltsam ist.

Schließlich erwischt er den Truthahn, als dieser seiner Schusswunde erliegt und tot zusammenbricht. Er hievt ihn auf die Schulter und macht sich auf den Triumphzug zurück in die Stadt. Dabei fällt ihm ein, was er alles Schlimmes gedacht hat, bevor er den

Vogel hatte. Das tut ihm jetzt sehr Leid, denn er sollte Gott doch dankbar sein. »Danke, Gott. Das war sehr nett von dir. Der Truthahn wiegt bestimmt zehn Pfund. Du warst mächtig großzügig.«

Vielleicht war es ein Zeichen, dass ich den Truthahn erwischt hab, denkt er. *Vielleicht will Gott, dass ich Pastor werde.* Er will etwas für Gott tun, aber er weiß nicht, was. Wenn jetzt irgendwer an der Straße stünde und Akkordeon spielte, würde er ihm seine zehn Cent geben. Es ist zwar das einzige Zehncentstück, das er besitzt, aber er würde es glatt weggeben.

Zwei Männer kommen auf ihn zu. Als sie den Truthahn sehen, pfeifen sie durch die Zähne. Sofort rufen sie ein paar andere herbei, die an der Ecke herumstehen. »Was meinst du, was der wiegt?«, fragen sie.

»Mindestens zehn Pfund«, antwortet Ruller.

»Wie lange hast du ihn gejagt?«

»Etwa eine Stunde«, sagt Ruller.

»Das ist wirklich erstaunlich. Da musst du schrecklich müde sein.«

»Nein, aber ich muss jetzt gehen«, entgegnet Ruller. »Ich hab's eilig.« Er kann es kaum erwarten, nach Hause zu kommen.

Er wünscht sich, er würde jemanden betteln sehen. Plötzlich betet er: »Herr, schick mir einen Bettler. Schick mir einen, ehe ich zu Hause bin.« Gott hat ihm den Truthahn geschenkt. Da wird er ihm bestimmt auch einen Bettler über den Weg schicken. Er weiß es ganz sicher; weil er ein seltsames Kind ist, interessiert sich Gott für ihn. »Bitte, jetzt gleich«, und im Augenblick, wo er es sagt, kommt eine alte Bettlerin direkt auf ihn zu. Das Herz hämmert ihm in der Brust. Er springt auf die Frau zu. »Hier, hier«, ruft er, drückt ihr seine zehn Cent in die Hand und eilt davon, ohne sich noch einmal umzudrehen.

Allmählich beruhigt er sich, und auf einmal spürt er ein ganz neues Gefühl – wie wenn man glücklich und beschämt zugleich ist. Vielleicht, denkt er, sollte er ihr sein ganzes Geld geben. Er meint, er müsste auf Wolken schweben.

Dann bemerkt er eine Gruppe Bauernjungen, die hinter ihm herschlurfen. Er dreht sich um und fragt großzügig: »Wollt ihr meinen Truthahn sehen?«

Sie starren ihn an. »Wo hast du den Truthahn her?«

»Ich hab ihn im Wald gefunden. Ich hab ihn zu Tode gejagt. Guckt, hier unter dem Flügel hat er einen Schuss.«

»Lass mich mal sehen«, sagt einer der Jungen. Ruller gibt ihm den Truthahn. Hart trifft ihn der Kopf des Vogels, als der Junge ihn hoch in die Luft schleudert und ihn sich über die Schulter schwingt. Er dreht sich um und schlendert mit den anderen Jungen davon.

Sie sind schon einige hundert Meter gegangen, als Ruller sich aus seiner Starre löst. Bald sind die Jungen so weit fort, dass er sie nicht mehr sehen kann. Ruller schleicht nach Hause. Er geht erst ganz langsam, doch als er merkt, dass es schon dunkel wird, beginnt er zu rennen. Flannery O'Connors Geschichte endet mit den Worten: »Er rannte immer schneller und schneller, und als er in die Straße zu seinem Haus einbog, da schlug sein Herz so schnell, wie seine Beine liefen, und er war sich sicher, dass irgendetwas Schreckliches mit harten Armen an ihm zerrte und ihn mit seinen gierigen Fingern packen wollte.«

So wie Ruller denken viele Christen über Gott. Unser Gott, so kommt es uns vor, ist einer, der gern »Truthähne« verteilt, sie aber auch ohne Vorwarnung wieder wegnimmt. Gibt er sie, dann ist das ein Zeichen dafür, dass er sich für uns interessiert und Freude an uns hat. Wir fühlen uns nah bei ihm und sehnen uns danach, großzügig zu sein. Wenn er seine Geschenke wegnimmt, dann zeigt das sein Missfallen und seine Ablehnung. Wir fühlen uns verstoßen. Gott ist also launenhaft und unberechenbar. Er baut uns nur auf, um uns dann wieder fallen zu lassen. Er denkt an unsere vielen Sünden und zahlt sie uns heim, indem er uns die

»Truthähne« Gesundheit, Wohlstand, innerer Frieden, Kinder, Macht, Erfolg und Freude entreißt.

Dabei übertragen wir unbewusst die eigene Haltung und die Gefühle, die wir für uns selbst haben, auf Gott. Blaise Pascal hat einmal geschrieben: »Gott schuf den Menschen zu seinem Bilde, und der Mensch erwiderte das Kompliment.« Wenn wir uns selbst verabscheuen, dann nehmen wir an, dass auch Gott uns hasst.

Aber wir können nicht einfach davon ausgehen, dass er für uns genauso empfindet wie wir selbst – es sei denn, wir würden uns ganz intensiv und ohne Vorbehalte lieben. Jesus hat uns gezeigt, wie Gott ist. Er hat unsere falschen Vorstellungen als das entlarvt, was sie sind – nämlich Götzenbilder – und uns gezeigt, wie wir davon frei werden können. Gott liebt uns mit hartnäckiger Herzlichkeit und Liebe und zwar so, wie wir sind – nicht *trotz* unserer Sünden und Fehler (das wäre keine völlige Liebe), sondern mit ihnen. Obwohl Gott das Böse nicht entschuldigt oder gutheißt, hält er seine Liebe zu uns nicht zurück, weil noch Böses an uns ist.

Weil wir jedoch anders für uns empfinden, fällt es uns manchmal schwer, das zu glauben. Wir können die Liebe eines anderen Menschen nicht annehmen, wenn wir uns selbst nicht lieben. Und noch weniger können wir begreifen, dass Gott uns lieben könnte.

Einer meiner Freunde fragte eines Abends seinen behinderten Sohn: »Daniel, wenn du dir vorstellst, dass Jesus dich ansieht, was siehst du dann in seinen Augen?«

Nach einer kleinen Pause erwiderte der Junge: »In seinen Augen stehen Tränen, Dad.«

»Wieso, Dan?«

Wieder Schweigen, diesmal länger. Dann: »Weil er traurig ist.«

»Und warum ist er traurig?«

Daniel starrte auf den Boden. Als er schließlich aufsah, schimmerten auch in seinen Augen die Tränen: »Weil ich mich fürchte.«

Gott ist bekümmert, weil wir ihn fürchten, weil wir das Leben fürchten und uns selbst. Er leidet unter unserer Selbstbefangenheit. Richard Foster schreibt: »Das Herz Gottes ist heute eine offene Wunde der Liebe. Ihn schmerzt unsere Entfremdung, unsere Überbeschäftigung. Er klagt darüber, dass es uns nicht näher zu ihm zieht. Er trauert, weil wir ihn vergessen haben ... Er sehnt sich nach unserer Gegenwart.«[2]

Gott ist bekümmert, weil wir uns weigern, zu ihm zu kommen, wenn wir gesündigt und versagt haben. – Ein Rückfall ist für den Alkoholiker ein schreckliches Erleben. Das zwanghafte Kreisen von Gedanken und Körper um den Stoff überfällt ihn so heftig wie ein Frühjahrssturm. Nach dem Rückfall ist er verzweifelt. Als ich einen Rückfall hatte, hatte ich zwei Möglichkeiten: Ich konnte mich wieder neu den Schuldgefühlen, der Angst und den Depressionen hingeben, oder ich konnte in die Arme meines himmlischen Vaters fliehen. Entweder als Opfer meiner Krankheit leben oder auf Abbas unveränderliche Liebe vertrauen.

Es ist *eine* Sache, sich von Gott geliebt zu fühlen, wenn alles glatt läuft und unsere Sicherheitssysteme funktionieren. Dann ist es relativ leicht, sich selbst anzunehmen. Wir können sogar behaupten, wir würden allmählich anfangen, uns selbst zu mögen. Wenn wir stark sind und obenauf, wenn wir die Dinge im Griff haben und gut in Form sind, dann entsteht so etwas wie ein Gefühl der Sicherheit.

Was aber passiert, wenn der Boden unter uns wegbricht? Was geschieht, wenn wir sündigen und versagen, wenn unsere Träume zerbrechen, unsere Aktien in den Keller fallen, wenn man uns mit Misstrauen begegnet? Was passiert, wenn wir uns dem wahren Zustand unseres Ichs gegenübersehen?

Fragen wir doch einmal Menschen, die gerade eine Trennung oder Scheidung hinter sich haben. Haben sie das Gefühl, es sei alles in Ordnung? Wo ist ihre Selbstsicherheit? Was ist mit ihrem Selbstwertgefühl? Kommen sie sich noch immer vor wie ein geliebtes Kind? Oder liebt Gott sie nur, wenn sie »gut« sind, aber nicht in Armut und Zerbruch?

Juliana von Norwich, eine Mystikerin des vierzehnten Jahrhunderts, hat gesagt: »Unser liebenswürdiger Herr will nicht, dass seine Diener verzweifeln, weil sie so oft und kläglich fallen; denn unser Fallen hindert ihn nicht daran, uns zu lieben.«[3]

Die eigene Armut lieben lernen

Unsere Skepsis und unsere Schüchternheit halten uns davon ab, das zu glauben und anzunehmen. Dabei hassen wir nicht Gott, sondern uns selbst. Das geistliche Leben aber beginnt damit, dass wir unser verletztes Ich annehmen.

Thomas Merton redet uns zu: »Überlass deine Armut dem Herrn und gestehe ein, wie nichtig du bist. Ob du es begreifst oder nicht, Gott liebt dich. Er ist in dir, er lebt in dir, er wohnt in dir, er ruft dich, rettet dich und begegnet dir mit einem Verständnis und Mitgefühl, die mit nichts zu vergleichen sind, was du je in einem Buch gefunden oder in einer Predigt gehört hast.«[4]

Gott ruft uns auf, uns nicht länger zu verstecken, sondern zu ihm zu kommen. Er ist der Vater, der dem verlorenen Sohn entgegenlief, als er humpelnd nach Hause kam. Gott weint über uns, wenn er sieht, wie Scham und Selbsthass uns lähmen. Doch wir geraten schnell in Panik, wenn wir uns selbst ansehen, und versuchen uns zu verstecken. Adam und Eva verbargen sich und wir machen es ihnen in der einen oder anderen Weise nach. Warum? Weil uns nicht gefällt, was wir sehen. Es ist unbequem oder unerträglich, sich dem eigenen Ich gegenüberzusehen.

»Und so fliehen wir vor der eigenen Wirklichkeit wie entlaufene Sklaven oder zimmern uns ein falsches Selbst zurecht, das vor allem bewunderswert, ein bisschen schmeichelhaft und oberflächlich gesehen glücklich wirkt. Wir verbergen, was wir sind (weil wir annehmen, es sei unannehmbar und nicht liebenswert), hinter einer Fassade, die, so hoffen wir, besser gefällt. Wir verstecken uns hinter schönen Gesichtern, die wir für das Publikum aufsetzen. Und mit der Zeit vergessen wir sogar, dass wir uns verstecken, und meinen, das aufgesetzte, schöne Gesicht sei unser wahres.«[5] (Simon Tugwell)

Aber Gott liebt uns so, wie wir sind – ob wir das mögen oder nicht. Er fordert uns wie Adam auf, aus dem Versteck herauszukommen. All unsere »geistlichen Verschönerungsversuche« können uns ihm nicht angenehmer machen. Thomas Merton schreibt: »Der Grund, warum wir nie die tiefsten Tiefen unserer Beziehung zu Gott ausloten, besteht darin, dass wir so selten unsere absolute Nichtigkeit vor ihm eingestehen.«[6] Seine Liebe, die uns ins Leben gerufen hat, ruft uns nun auch, aus dem Selbsthass herauszukommen und in seine Wahrheit einzutreten.

»Komm jetzt zu mir«, sagt Jesus. »Nimm an, was ich für dich sein will: ein Erlöser voll grenzenlosem Mitgefühl, unendlicher Geduld, unerträglicher Vergebungsbereitschaft und einer Liebe, die nicht über deine Fehler Buch führt. Hör auf, deine eigenen Gefühle auf mich zu übertragen. Dein Leben ist wie ein geknicktes Rohr, und ich werde es nicht zerbrechen; wie ein glimmender Docht, aber ich werde ihn nicht auslöschen. *Bei mir bist du in Sicherheit.*«

Es ist einer der schockierendsten Widersprüche in vielen christlichen Gemeinden, dass so viele Nachfolger Jesu sich selbst so wenig leiden können. Es käme ihnen nie in den Sinn, die Fehler anderer Menschen in einem so schlechten Licht zu sehen wie ihre eigenen. Aber ihre eigene Mittelmäßigkeit hängt ihnen zum Hals heraus, und ihre Inkonsequenz ekelt sie an. David Seamands schrieb:

»Ein bedrängendes Gefühl der Selbstverdammung schwebt über vielen ... Christen ... Sie sind niedergestreckt von der stärksten psychologischen Waffe, die Satan Gläubigen gegenüber anwendet. Diese Waffe wirkt wie eine tödliche Rakete. Ihr Name? Geringes Selbstwertgefühl! Ein bedrückendes Gefühl von Minderwertigkeit, von Nicht-Bestehen-Können und niedrigem Selbstwertgefühl. Es hält viele Christen in Fesseln, obwohl sie herrliche Glaubenserfahrungen gemacht haben und Gottes Wort kennen. Obwohl sie sich ihrer Stellung als Söhne Gottes bewusst sind, sind sie mit Stricken an ein schreckliches Minderwertigkeitsgefühl gefesselt. Sie liegen an der Kette eines tiefen Gefühls eigener Wertlosigkeit.«[7]

Es gibt die Geschichte von einem Mann, der den berühmten Psychologen C. G. Jung aufsuchte, weil er unter chronischen Depressionen litt. Jung riet ihm, die vierzehn Stunden seines Arbeitstages auf acht zu reduzieren, auf direktem Wege nach Hause zu gehen und den Abend still und für sich in seinem Arbeitszimmer zu verbringen. Wie empfohlen ging der depressive Mann jeden Abend in sein Arbeitszimmer, schloss die Tür hinter sich zu, las ein bisschen Hermann Hesse oder Thomas Mann und spielte ein paar Chopin-Etüden oder Mozart-Sonaten.

Wochen später suchte er C. G. Jung erneut auf und klagte, er könne keine Besserung beobachten. Als Jung erfuhr, wie der Mann seine Zeit verbrachte, sagte er: »Aber Sie haben mich nicht richtig verstanden! Ich wollte nicht, dass Sie sich mit Hesse oder Mann, Chopin oder Mozart beschäftigen. Ich wollte, dass Sie wirklich allein sind.« Der Mann blickte ihn entsetzt an und erwiderte: »Aber ich könnte mir keine schlimmere Gesellschaft vorstellen.«[8]

Er hasste sich selbst. Viele Christen tun das auch. Das erstickt ihr geistliches Wachstum. Ein melancholischer Geist verfolgt sie und quält ihr Gewissen. Negative Stimmen aus der Familie: »Aus dir wird nie etwas«, das Gefühl, nicht so zu leben, wie sie leben sollen, Moralvorschriften der Kirche und der Druck, erfolgreich sein zu müssen, machen aus den erwartungsfrohen Pilgern auf dem Weg zum himmlischen Jerusalem eine mutlose Reisegruppe mürrischer Hamlets und verängstigter Rullers. Alkoholismus, Arbeitssucht, insgesamt zunehmendes Suchtverhalten und eine steigende Selbstmordrate sind ein Hinweis auf die Größe des Problems. Henri Nouwen bemerkt dazu:

»Im Lauf der Jahre bin ich zu der Erkenntnis gekommen, dass die größten Fallen in unserem Leben nicht der Erfolg sind, nicht die Berühmtheit und nicht die Macht, sondern die Verachtung seiner selbst. Berühmtheit und Macht können tatsächlich eine große Versuchung darstellen, doch werden sie oft nur dadurch zu so starken Verführern, dass sie im Dienst der viel größeren Versuchung stehen, sich selbst gering zu schätzen. Wenn wir schließlich den Stimmen glauben, die uns unnütz und nicht liebenswert heißen, leuchten uns Erfolg, Berühmtheit und Macht leicht als anziehende Lösungen auf. Aber die wirkliche Falle ist die Verachtung seiner selbst. (...) Sobald mir jemand etwas vorwirft oder mich kritisiert, sobald ich mich abgelehnt, allein gelassen oder vergessen fühle, kommen mir Gedanken wie: ›Ich hab's ja schon immer gewusst, dass ich nichts bin.‹ (...) [Mein Schatten sagt:] ›Ich tauge nichts, es geschieht mir gerade recht, wenn ich beiseite geschoben, vergessen, abgelehnt, verlassen werde.‹ *Die Verachtung seiner selbst ist der größte Feind des geistlichen Lebens*, denn sie sagt das gerade Gegenteil davon, was die Stimme vom Himmel her sagt: ›Du bist ein geliebter Mensch.‹ Dass wir geliebte Wesen sind, ist die Kernwahrheit unseres Seins.«[9] (Hervorhebung B. M.)

Wir können lernen, gütig zu uns selbst zu sein, wenn wir die tiefe, innige Liebe Jesu erleben. In dem Maß, wie wir es zulassen, dass die hartnäckige Liebe Jesu unsere innere Festung einnimmt, werden wir von den Bauchschmerzen wegen uns selbst frei. Christus möchte unsere Einstellung zu uns selbst ändern und erreichen, dass wir gemeinsam mit ihm gegen unsere eigene abwertende Einschätzung angehen.

Im vergangenen Sommer machte ich einen entscheidenden Schritt auf meiner inneren Reise. Ich zog mich für zwanzig Tage in eine entlegene Hütte in den Rocky Mountains zurück, um Stille und Einsamkeit zu suchen und mich gleichzeitig einer Therapie zu unterziehen. Früh am Morgen traf ich mich mit einem Psychologen, der mir half, mich lange verdrängten Erinnerungen und

Gefühlen aus meiner Kindheit zu stellen. Den Rest des Tages verbrachte ich allein in meiner Hütte, ohne Fernseher, ohne Radio und ohne irgendeine Art von Lektüre.

Während die Tage so verstrichen, ging mir mit einem Mal auf, dass ich seit meinem achten Lebensjahr nicht mehr fähig war, wirklich etwas zu *empfinden*. Ein traumatisches Erlebnis in jener Zeit hatte die Erinnerung für die nächsten neun Jahre und die Gefühle für die nächsten fünf Jahrzehnte ausgelöscht.

Als ich acht war, wurde der Schwindler, mein falsches Ich, als Abwehr gegen den Schmerz geboren. Der Schwindler in mir flüsterte: »Brennan, du kannst nie mehr so sein, wie du wirklich bist, weil dich so niemand mag. Erfinde ein neues Ich, das alle bewundern und das niemand richtig kennt.« So wurde ich ein braver Junge – höflich, wohlerzogen, unaufdringlich und rücksichtsvoll. Ich lernte fleißig, bekam hervorragende Noten, erhielt ein Stipendium – und wurde in jedem wachen Augenblick von der Angst verfolgt, verlassen zu werden ... und von dem Gefühl, im Grunde keinen Menschen zur Seite zu haben.

Ich lernte, dass eine möglichst vollkommene Verstellung mir die Anerkennung und Bestätigung brachte, nach der ich mich so verzweifelt sehnte. Ich bewegte mich in einer gefühllosen Zone, in der ich Furcht und Scham in sicherem Abstand halten konnte. Wie mein Therapeut bemerkte: »Eine dichte Stahltür hat in all den Jahren Ihre Gefühle verschlossen und Ihnen den Zugang zu ihnen verwehrt.« Der Schwindler hingegen, den ich der Öffentlichkeit präsentierte, gab sich die ganze Zeit nonchalant und pflegeleicht.

Die große Trennung zwischen Kopf und Herz dauerte während meines gesamten Dienstes an. Achtzehn Jahre lang verkündigte ich die gute Nachricht von Gottes leidenschaftlicher und bedingungsloser Liebe – vom Kopf her völlig überzeugt, aber in meinem Herzen spürte ich nichts davon. Eine Szene in dem Kinofilm Postcards from the Edge bringt treffend zum Ausdruck, was in mir vorging. Ein Hollywoodstar (Meryl Streep) hört von ihrem Regisseur (Gene Hackman), was für ein wundervolles Leben sie doch habe und wie jede Frau sie um ihren Erfolg beneiden müsse. Streep erwidert: »Ja, ich weiß. Aber wissen Sie was? Ich spüre überhaupt nichts von meinem Leben. Ich habe mein Leben und all diese guten Sachen nie wirklich spüren können.«

Am zehnten Tag meiner Bergeinsamkeit brach ich plötzlich in ein heftiges Schluchzen aus. Ein großer Teil meiner Gefühllosigkeit und scheinbaren Unverwundbarkeit rührte daher, dass ich mich weigerte, über das Fehlen zärtlicher Worte und liebevoller Berührungen Trauer zu empfinden.

Doch als ich aus dem »Kelch der Trauer« trank, geschah etwas Bemerkenswertes: Von fern hörte ich plötzlich Musik und Tanz. Ich selbst war der verlorene Sohn, der nach Hause gehumpelt kam, nicht Zuschauer, sondern Teilnehmer. Der Schwindler verschwand, und ich lebte plötzlich wieder mein wahres Ich – ich war ein Kind, das zu Gott zurückkehrte.

Bislang hatte ich mich meiner selbst nie sicher gefühlt, solange ich nicht fehlerfrei funktionierte. Mein Wunsch, perfekt zu sein, war größer als mein Verlangen nach Gott. Tyrannisiert von einer Alles-oder-nichts-Mentalität deutete ich Schwäche als Mittelmäßigkeit und Inkonsequenz als Folge schwacher Nerven. Mitleid und Selbstannahme hielt ich für völlig unpassende Reaktionen. Meine verzerrte Vorstellung von mir selbst als Versager und gänzlich unzulänglicher Mensch ließ mich alle Selbstachtung verlieren, wodurch ich in Phasen von leichter Depression und starken Angstattacken geriet. Und ganz unbewusst hatte ich meine Gefühle für mich selbst auf Gott projiziert. Ich fühlte mich nur dann bei ihm sicher, wenn ich mich selbst als edel, großzügig und liebenswürdig sehen konnte, ohne Narben, Ängste oder Tränen. Mit einem Wort: *Perfekt!*

Doch an jenem strahlenden Morgen in einer Hütte tief in den Bergen von Colorado verließ ich mein Versteck. Jesus hob den Schleier der perfektionistischen Anstrengungen, und erlöst und von der Schuld befreit lief ich zu ihm nach Hause. Jetzt wusste ich, dass jemand für mich da war. In der Tiefe meiner Seele gepackt, die Wangen tränenverschmiert, nahm ich endlich all die Worte, die ich selbst über die hartnäckige, unnachgiebige Liebe gesagt und geschrieben hatte, für mich ganz persönlich in Anspruch und konnte sie zum ersten Mal wirklich spüren. An jenem Morgen begriff ich, dass Worte im Vergleich zur Wirklichkeit nur Stroh sind. Ich war nicht mehr jemand, der Gottes Liebe verkündigte, sondern ein Mensch, an dem Abba seine Freude hat. Ich sagte den Angstgefühlen Ade und *Schalom* zum Gefühl der Sicherheit. Am selben Nachmittag schrieb ich in mein Tagebuch:

> Sich sicher fühlen heißt aufhören, mit dem Kopf zu leben, und sich tief in das eigene Herz versenken, sich gemocht und angenommen fühlen ... sich nicht mehr verstecken und mit Büchern, Fernsehen, Filmen, Eiskrem, oberflächlichen Unterhaltungen ablenken müssen ... in der Gegenwart bleiben und nicht in die Vergangenheit fliehen oder die Zukunft herbeisehnen, jetzt wach und aufmerksam sein ... entspannt sein und nicht nervös und rastlos ... Es ist nicht mehr nötig, andere zu beeindrucken oder zu blenden oder die Aufmerksamkeit auf mich zu lenken ... Unbefangen in die Welt zu treten, mit einer ganz neuen Art, mit mir selbst umzugehen ... ruhig, frei von Angst, keine Bedenken, was als Nächstes passieren könnte ... geliebt und geachtet ... sich einfach bei sich selbst wohlfühlen.

Thomas Merton sagte einmal zu einem Mönchsbruder über diese selbstvergessene, freie Art zu leben: »Wenn ich irgendetwas daraus mache, dass ich Thomas Merton bin, dann bin ich tot. Und wenn du irgendetwas daraus machst, dass du für die Schweine zuständig bist, dann bist du tot.« Mertons Lösung? »Hör auf, überhaupt Buch zu führen, und überlass dich mit all deiner Sündhaftigkeit Gott, der weder die Punkte noch den Schiedsrichter sieht, sondern nur sein durch Christus versöhntes Kind.«[10]

Schon vor sechshundert Jahren schrieb Juliana von Norwich: »Manche von uns glauben, dass Gott allmächtig ist und alles tun kann; und dass er weise ist und alles tun könnte; aber dass er auch Liebe ist und alles tun wird – davor scheuen wir zurück. Diese Unsicherheit, so scheint mir, ist das größte Hindernis für alle, die Gott lieben.«[11]

Doch es gibt noch mehr Hindernisse. Alle die Dinge, derer wir uns schämen und die wir deshalb versuchen, in unserm Inneren zu vergraben. Gott will sie in seiner Liebe ans Licht holen und sie uns vergeben, damit sie uns nicht länger beherrschen können. Denken wir nur an die Worte des Apostels Paulus: »Alles, was aufgedeckt ist, wird vom Licht erleuchtet. Alles Erleuchtete aber ist Licht« (Epheser 5,13-14; Hervorh. B. M.).

Gott vergibt und vergisst nicht nur unsere schändlichen Taten, er macht sogar aus ihrem Dunkel Licht. Alle Dinge müssen denen, die Gott lieben, zum Besten dienen (Römer 8,28), »selbst«, so fügte Augustinus hinzu, »unsere Sünden«.

In dem Einakter von Thornton Wilder: *Der Engel, der das Wasser bewegte* (The Angel That Troubled the Waters), geht es um die Heilkraft des Wassers im Teich von Bethesda, wenn ein Engel von Zeit zu Zeit das Wasser bewegte (vgl. Johannes 5,1-4). Es wird aber nur der geheilt, der als erster hineinsteigt. Ein Arzt kommt regelmäßig zum Teich und hofft, einmal der Erste zu sein und von seiner Melancholie befreit zu werden.

Schließlich kommt der Engel, aber er hält den Arzt fest, als er ins Wasser steigen will. Stattdessen befiehlt er ihm zurückzutreten, denn er sei nicht an der Reihe. Der Arzt fleht mit gebrochener Stimme um Hilfe, aber der Engel bleibt dabei, dass eine Heilung für ihn nicht vorgesehen sei.

Das Gespräch geht hin und her – dann kommt das prophetische Wort des Engels: »Wo wäre deine Kraft ohne deine Wunden? Deine Melancholie ist es, die deine Stimme zittern und zu den Herzen von Männern und Frauen sprechen lässt. Selbst die Engel können die armseligen und ungeschickten Menschenkinder auf der Erde nicht so überzeugen, wie ein Mensch es kann, der selbst am Leben zerbrochen ist. Im Dienst der Liebe können nur verletzte Soldaten dienen. Arzt, tritt zurück!«

Der Mann, der dann als erster in den Teich steigen darf und geheilt wird, freut sich über sein Glück. Doch später sagt er zu dem Arzt: »Bitte, komm zu mir. Es ist nur eine Stunde bis zu meinem Haus. Mein Sohn wird von dunklen Gedanken bedrückt. Ich verstehe ihn nicht. Nur du konntest je seine Stimmung aufhellen. Nur eine Stunde ... Da ist auch meine Tochter. Seit ihr Kind starb, sitzt sie im Dunkeln. Auf uns hört sie nicht, aber auf dich wird sie hören.«[12]

Christen, die ihre Schatten verstecken, leben weiter in der Lüge. Wir leugnen die Wirklichkeit unserer Sünde. Vergeblich versuchen wir, unsere Vergangenheit auszulöschen, und enthalten damit der Gemeinschaft unser eigenes Geschenk vor, mit dem wir anderen zur Heilung helfen könnten. Wenn wir aus Angst oder Scham unsere Wunden verbergen, kann unsere innere Finsternis weder erhellt noch zu einem Licht für andere werden. Wir klammern uns an unsere schlechten Gefühle und quälen uns selbst mit der Vergangenheit, wo wir sie einfach loslassen sollten. Dietrich Bonhoeffer hat einmal gesagt, Schuld sei ein Götze. Wenn wir es dagegen wagen, als Menschen zu leben, denen vergeben wurde, dann gesellen wir uns zur Schar der verwundeten Helfer und kommen näher zu Jesus.

Henri Nouwen hat dieses Thema in seinem Klassiker *Geheilt durch seine Wunden* ausführlich und sehr einfühlsam behandelt. Er erzählt die Geschichte von dem Rabbi, der den Propheten Elia fragte, wann der Messias komme. Elia erwiderte, der Rabbi solle den Messias direkt fragen, er werde ihn im Stadttor sitzen finden. »Wie soll ich ihn erkennen?«, fragte der Rabbi. Elia erwiderte: »Er sitzt über und über mit Wunden bedeckt, unter den Armen. Die anderen legen all ihre Wunden auf einmal frei und verbinden sie wieder. Er aber nimmt immer nur einen Verband ab und legt ihn sofort wieder an, denn er sagt sich: Vielleicht braucht man mich; wenn ja, dann muss ich immer bereit sein und darf keinen Augenblick säumen.«[13]

Der leidende Gottesknecht bei Jesaja kennt seine Wunden. Sie werden zu einer Quelle der Heilung für die Menschen.

In *Geheilt durch seine Wunden* kommt zum Ausdruck, dass Gnade und Heilung letztlich von Männern und Frauen weitergegeben werden, die selbst vom Leben geschlagen und zerbrochen sind. Im Dienst der Liebe können nur verletzte Soldaten dienen.

Auch die Anonymen Alkoholiker sind eine Gemeinschaft verwundeter Helfer. Der Psychiater James Knight schreibt: »Der Alkohol und die damit verbundenen Probleme haben diese Menschen an den Rand der Zerstörung getrieben und ihr Leben fast ruiniert. Doch wer aus der Hölle von Bindung und Sucht herausfindet und aus der Asche wieder hervorsteigen kann, der hat meist eine besondere Antenne für die Probleme seiner Leidensgenossen, weil er sie versteht, und ist bereit, den Kontakt zu ihnen zu suchen und ihnen zu helfen. Er stellt sich der Begegnung, und gleichzeitig lässt er es nicht zu, dass seine eigene Anfälligkeit und Gefährdung in Vergessenheit geraten. Er gibt zu, dass er verwundbar ist. Er erkennt die eigene Schwäche an und muss sie nicht verstecken. Ja, mehr noch, seine Verletzlichkeit hilft ihm, das eigene Leben zu *klären* und zu stabilisieren, und gleichzeitig setzt er sie ein, um seinen abhängigen Brüdern und Schwestern, und manchmal auch ihren Kindern, den Weg zurück zu einem Leben ohne Alkohol zu zeigen. Die Wirksamkeit der AA-Mitglieder bei der Begleitung und Therapie ihrer Leidensgenossen ist eine der großen Erfolgsgeschichten unserer Zeit und zeigt auf anschauliche Weise, wie die eigenen Verletzungen, wenn sie kreativ eingesetzt werden, dazu beitragen können, die Last von Leid und Schmerz zu lindern.«[14] (Hervorh. B. M.)

In den *Briefen an einen jungen Dichter* spricht Rainer Maria Rilke davon, wie hilfreich seine eigene Schwäche für ihn ist: Der junge Mann solle nicht glauben, dass jener, der ihn zu trösten versucht, ganz unbesorgt zwischen den einfachen und ruhigen Worten lebt, die ihm manchmal gut tun. Sein Leben sei voller Schwierigkeiten und Traurigkeit und bleibe weit hinter dem des jungen Dichters zurück. Wäre es nicht so, hätte er nie diese Worte finden können. Das gilt auch für ein Leben im Glauben. Paulus zieht daraus den Schluss: »Gott antwortete mir: Meine Gnade genügt dir; denn sie erweist ihre Kraft in der Schwachheit. Viel lieber also will ich mich meiner Schwachheit rühmen, damit die Kraft Christi auf mich herabkomme.« (2. Korinther 12,9)

Mein eigener Weg hat mich gelehrt, dass ich mich bei mir selbst nur dann sicher fühle, wenn ich mich bei Gott geborgen weiß. Wenn wir Abba, dem Vater, vertrauen, der seinem missratenen Sohn *entgegenrannte* und nicht eine einzige Frage stellte, dann sind wir auch in der Lage, uns selbst im Innersten zu vertrauen.

Der Entschluss, endlich unser Versteck zu verlassen, ist dann wie eine Tür, der Eintritt in das heilende Wirken Jesu. Dann stehen wir in der Wahrheit, die uns frei macht, und leben in der Wirklichkeit, die uns ganz und heil werden lässt.

Zu den zehn besten Büchern, die ich in meinem Leben gelesen habe, gehört Georges Bernanos' *Tagebuch eines Landpfarrers*. Seit seiner Ordination hat der Pfarrer mit Zweifel, Angst und Unsicherheit zu kämpfen. Im letzten Eintrag seines Tagebuchs heißt es:

»Es ist vorbei. Das sonderbare Misstrauen, das ich gegen mich, gegen meine Person hegte, hat sich wohl für immer verflüchtigt. Dieser Kampf ist zu Ende. Ich verstehe ihn nicht mehr. Ich bin mit mir selbst versöhnt, versöhnt mit dieser armen, sterblichen Hülle.

Es ist leichter, als man glaubt, sich zu hassen. Die Gnade besteht darin, dass man sich vergisst. Wenn aber endlich aller Stolz in uns gestorben ist, dann wäre die Gnade der Gnaden, demütig sich selbst zu lieben als irgendeines der leidenden Glieder Christi.«[15]

2. Der Schwindler

Eine Maske aufbauen

Leonard Zelig ist der Inbegriff des *Nebbich* (jiddisch für Nichtsnutz). In Woody Allens heiterem und nachdenklichem Film *Zelig* ist er ein gefeiertes Nichts, das überall hinpasst, weil es sich jeder beliebigen Situation anpassen kann. Zelig reitet in einer Parade durch den Heldencanyon von Mohalles; er steht zwischen den ehemaligen US-Präsidenten Herbert Hoover und Calvin Coolidge; er albert mit Preisboxer Jack Dempsey herum und plaudert mit Bühnenautor Eugene O'Neill übers Theater. Als Hitler seine Anhänger in Nürnberg versammelt, steht Leonard natürlich mit auf dem Podium.

»Er hat keine eigene Persönlichkeit, deshalb schlüpft er in die Rolle jeder starken Persönlichkeit, der er begegnet. Bei den Chinesen kommt er geradewegs aus China. Trifft er einen Rabbi, wachsen ihm auf wundersame Weise Bart und Schläfenlocken. Er äfft den Jargon der Psychiater nach und streicht sich mit feierlichem Ernst übers Kinn. Im Vatikan gehört er zum geistlichen Gefolge von Papst Pius XI. Im Frühjahrsmanöver trägt er eine Yankee-Uniform und steht im Baseballkreis, um Babe Ruth, den berühmtesten Baseballspieler Amerikas, zu schlagen. Er nimmt die schwarze Haut des Jazztrompeters an, die Speckrollen eines Dickwansts, das Profil eines Indianers. Er ist ein Chamäleon. Er verändert Hautfarbe, Akzent und Gestalt, sowie die Welt um ihn herum sich verändert. Er hat keine eigenen Ideen und Meinungen, er passt sich einfach an. Er möchte nur sicher sein, dazugehören, akzeptiert und gemocht werden ... Er ist berühmt dafür, ein Nichts zu sein, ein Nicht-Mensch.«[16]

Ich könnte über Allens Karikatur des Menschen, der allen

gefallen will, hinweggehen, wenn ich nicht so viel von Leonard Zelig an mir selbst entdecken würde. Der absolute Schauspieler folgt meinen egoistischen Wünschen. Er trägt tausend Masken. Die glänzende Fassade muss um jeden Preis aufrechterhalten werden. Der fromme Hochstapler und Maskenträger zittert bei dem Gedanken, er könnte das Missfallen oder den Zorn der anderen auf sich ziehen. Unfähig zur direkten Rede, windet er sich; er quasselt und zaudert und schweigt aus Angst vor Ablehnung. »Das falsche Ich spielt seine trügerische Rolle, indem es uns angeblich schützt – doch in einer Weise, die darauf programmiert ist, die Angst in uns wach zu halten: die Angst davor, im Stich gelassen zu werden, den Halt zu verlieren, es nicht allein zu schaffen, nicht allein sein zu können.« (James Masterson)[17]

Fromme Schauspieler und Hochstapler leben in der Angst. Jahrelang habe ich mich zum Beispiel gerühmt, pünktlich zu sein. Doch in der Stille und Einsamkeit der Berghütte in Colorado wurde mir klar, dass meine Pünktlichkeit in der Angst vor menschlichem Tadel wurzelte. Mahnende Stimmen von Autoritätspersonen aus der Kindheit haben sich in meiner Seele eingenistet und warnen noch heute vor Rüffeln und Strafe.

Schwindlern liegt daran, akzeptiert und gelobt zu werden. Wegen des lähmenden Drangs, anderen zu gefallen, können sie nicht mit derselben Zuversicht Nein sagen, mit der sie Ja sagen. Und so geben sie sich selbst in Menschen, Projekte und Angelegenheiten hinein, nicht aus persönlichem Interesse, sondern aus Angst, den Erwartungen der anderen sonst nicht zu entsprechen.

Dieses falsche Ich entsteht, wenn wir als Kinder nicht richtig geliebt, wenn wir abgelehnt oder verlassen werden. Der Schwindler ist der klassische Co-Abhängige. Um anerkannt zu werden, unterdrückt oder versteckt das falsche Ich die eigenen Emotionen. Ehrliche Gefühle werden damit unmöglich. John Bradshaw definiert Co-Abhängigkeit als eine Krankheit, »die von einem Identitätsverlust gekennzeichnet ist. Co-abhängig zu sein bedeutet, die eigenen

Gefühle, Bedürfnisse und Wünsche nicht zu kennen«.[18] Wenn wir aus einem falschen Selbst leben, wächst in uns der zwingende Wunsch, der Öffentlichkeit ein perfektes Bild von uns zu präsentieren. Alle sollen uns bewundern, aber niemand kennt uns. Das Leben des Schwindlers wird zur endlosen Achterbahn, einem Auf und Ab zwischen Hochgefühl und Depression.

Das falsche Ich braucht Erfahrungen von außen, um einen persönlichen Sinn zu finden. Das Streben nach Geld und Macht, nach Glanz oder sexuellem Heldentum, nach Anerkennung und Status stärkt die eigene Bedeutung und schafft die Illusion, Erfolg zu haben. Der Schwindler ist, was er *tut*.

Lange Jahre habe ich mich durch meine »Leistungen« im Dienst für Gott vor meinem wahren Ich versteckt. Durch Predigten, Bücher und Geschichten schuf ich mir meine Identität. Wenn die Mehrheit meiner christlichen Zuhörer und Leser gut von mir dachte – so versuchte ich mir selbst zu erklären –, war mit mir alles in Ordnung. Je mehr ich in den Erfolg im Dienst investierte, desto echter wurde der Hochstapler. Der Hochstapler bringt uns dazu, Unwichtiges für wichtig zu halten, das Unwesentliche mit einem falschen Glanz zu umgeben und uns vom Echten abzuwenden.

Das falsche Ich macht uns blind dafür, die innere Leere und Hohlheit zu erkennen und im rechten Licht zu sehen. Wir können nicht zugeben, dass es in uns dunkel ist. Im Gegenteil, der Hochstapler stellt seine Finsternis als das hellste Licht dar, er beschönigt die Wahrheit und verdreht die Realität. Der Apostel Johannes dagegen schreibt: »Wenn wir sagen, dass wir keine Sünde haben, führen wir uns selbst in die Irre und die Wahrheit ist nicht in uns.« (1. Johannes 1,8)

Weil es sich so sehr nach dem Lob sehnt, das ihm in der Kindheit vorenthalten wurde, stolpert mein falsches Ich mit einem geradezu unersättlichen Appetit nach Bestätigung in jeden neuen Tag hinein. Wenn die Fassade intakt ist, geht mir jedes Mal, wenn ich einen Raum betrete, in dem sich eine Hand voll Menschen befindet, sozusagen eine stumme Trompete voraus, die verkündet: »Da bin ich«, während mein mit Christus in Gott verborgenes wahres Ich ruft: »Oh, da seid ihr ja!« Der Hochstapler in mir wirkt ähnlich wie der Alkohol für den Alkoholiker. Er ist durchtrieben, raffiniert, stark – und heimtückisch.

Die Hauptfigur in einem der frühen Romane von Susan Howatch, *Blendende Bilder*, ist Charles Ashworth, ein junger und brillanter anglikanischer Theologe, der plötzlich einen völligen seelischen Zusammenbruch erleidet. Von seinem Vater entfremdet, sehnt er sich gleichzeitig nach dem väterlichen Segen. Deshalb macht er sich nun auf den Weg ins Kloster, um seinen geistlichen Vater, einen älteren Mann namens Jon Darrow, aufzusuchen. Ashworth fürchtet, als bestechlicher Kirchenmann und geistlicher Versager bloßgestellt zu werden. Sein Schwindler greift ein:

»Der Gedanke gemeinen Versagens war entsetzlich genug, aber die Vorstellung, Darrow zu enttäuschen, war unerträglich. Voller Panik sann ich auf eine Lösung, die mich in meiner Verletzlichkeit schützen konnte, und als Darrow an jenem Abend wieder in mein Zimmer trat, sagte meine blendende Fassade zu ihm: ›Ich wünschte, Sie würden mir ein bisschen mehr von sich selbst erzählen, Pater. Ich würde gern noch so viel von Ihnen wissen.‹

Kaum waren die Worte gesprochen, da spürte ich, wie ich ruhig wurde. Dies war eine unfehlbare Methode, das Wohlwollen älterer Herren zu gewinnen. Ich fragte sie nach ihrer Vergangenheit, hörte mit dem aufmerksamen Interesse des Musterschülers zu und wurde mit der dankbaren Zuwendung väterlicher Güte belohnt, die blind blieb für alle Fehler und Schwächen, die ich so verzweifelt zu verbergen suchte. ›Erzählen Sie mir von Ihrer Zeit bei der Navy!‹, drängte ich Darrow mit der ganzen Wärme und allem Charme, den ich aufbringen konnte. Doch während ich voller Zuversicht auf die Antwort wartete, die meine Angst vor der Untauglichkeit betäuben würde, schwieg Darrow ... In der Stille wurden mir die Manöver meiner wendenden Fassade schmerzlich bewusst.«[19]

Mein Hochstapler achtet aufmerksam auf Größe, Form und Farbe der Bandagen, die meine Nichtigkeit verstecken sollen. Das falsche Ich überredet mich, mich um mein Gewicht zu sorgen. Wenn ich mich zu einem Becher Vanilleeis hinreißen lasse und die Waage am nächsten Morgen unter der Last ächzt, bin ich niedergeschmettert. Ein wunderschöner Sonnentag will mich ins Freie locken, doch für den selbstverliebten Hochstapler ist die Rose verblüht. Ich denke, Jesus lächelt über diese kleinen Eitelkeiten (wie ich mich selbst im Schaufenster begutachte, während ich so tue, als betrachtete ich die Auslagen), aber sie lenken meine Aufmerksamkeit von Gott weg, der in mir wohnt, und rauben mir vorübergehend die Freude an seiner Gegenwart. Das falsche Ich jedoch rechtfertigt die Sorge um meine Taille und mein allgemeines Aussehen und flüstert: »Wenn du dick und nachlässig aussiehst, schadet das deiner Glaubwürdigkeit.«

Ich vermute, ich stehe mit diesen Problemen nicht allein. Die narzisstische Beschäftigung mit der Gewichtskontrolle ist eine hervorragende List für den Schwindler. Auch wenn der Gesundheitsfaktor sicher wichtig und berechtigt ist, ist es absolut grotesk, wie viel Zeit und Energie darauf verschwendet wird, eine schlanke Figur zu er- und zu behalten. Kein Snack außer der Reihe, keine spontane Knabberei, keine unregistrierte Kalorie, keine Erdbeere, die nicht eingeplant war. Von allen Seiten werden professionelle Anleitungen angeboten, Bücher und Zeitschriften konsultiert, Fitness-Studios empfohlen und die Vorzüge einer pflanzlichen, eiweißreichen Ernährung im Fernsehen diskutiert. Was ist die geistliche Ekstase im Vergleich zu dem exquisiten Vergnügen, wie ein Model auszusehen? Um Kardinal Wolsey abzuändern: »Ich wünschte, ich hätte meinem Gott so gedient, wie ich auf meine Taille geachtet habe!«

Der äußere Schein ist alles

Der Hochstapler will gesehen werden. Das krankhafte Verlangen nach Komplimenten speist seine vergebliche Jagd nach fleischlicher Befriedigung mit immer neuer Energie. Aus der Fassade, mit der er sich umgibt, bezieht er seine Identität. Mehr scheinen als sein. *Der äußere Schein ist alles.* Als ich beim Lesen eines gerade erschienenen Buches etwa in der Mitte las, dass der Autor etwas von mir zitierte, durchzuckte mich augenblicklich ein Gefühl der Genugtuung und der eigenen Wichtigkeit. Als ich mich dann im Gebet zu Jesus wandte und mein wahres Ich befragte, wurde der allgegenwärtige Hochstapler einmal mehr entlarvt.

»Jeder Mensch wird von einer nur in der Illusion existierenden Person beschattet, einem falschen Ich«, beobachtete Thomas Merton. Und er erklärte weiter: »Das ist der Mann, der ich gern sein möchte, den es aber nicht geben kann, weil Gott ihn nicht kennt. Und von Gott nicht gekannt zu werden, das ist wirklich zu viel der Privatsphäre. Mein falsches und privates Ich ist jenes, das außerhalb der Reichweite von Gottes Willen und Gottes Liebe existieren will – außerhalb der Wirklichkeit und außerhalb des Lebens. Und ein solches Ich kann nur eine Illusion sein. Wir sind nicht besonders geschickt darin, Illusionen zu erkennen, am wenigsten jene, die wir über uns selbst hegen ... Für die meisten Menschen auf der Welt gibt es keine größere subjektive Wirklichkeit als dieses falsche Ich, das es nicht geben kann. Ein Leben, das sich ganz dem Kult um diesen Schatten hingibt, das ist es, was man ein Leben der Sünde nennt.«[20]

Mertons Begriff der Sünde konzentriert sich nicht vornehmlich auf einzelne sündige Handlungen, sondern auf die grundlegenden Entscheidungen für ein Leben des Scheins. Es könne nur zwei Arten der Liebe geben, schrieb Augustinus, die Liebe Gottes, über der man das Ich vergisst, und die Liebe des Ichs, die zum Vergessen und Leugnen Gottes führt. Die grundlegende Entscheidung geschieht im Kern unseres Wesens und gewinnt dann in den einzelnen Entscheidungen des täglichen Lebens ihre Gestalt – entweder im Schatten-Ich, das von unseren egoistischen Wünschen regiert wird, oder in unserem wahren Ich, das mit Christus in Gott verborgen ist.

Hochstapler beziehen ihre Identität nicht nur aus ihrer Leistung, sondern auch aus zwischenmenschlichen Beziehungen. Sie wollen sich mit berühmten Menschen gutstellen, weil das ihren eigenen Ruf und ihr Selbstwertgefühl fördert.

An einem einsamen Abend in den Rocky Mountains hörte ich die folgende Botschaft: »Brennan, du bist bestimmten Gemeindegliedern gegenüber voll da und schenkst ihnen deine ungeteilte Aufmerksamkeit, aber bei anderen bist du nicht ganz da. Wer Format, Wohlstand oder Ausstrahlung besitzt, wen du interessant, attraktiv oder hübsch findest, der bekommt deine ungeteilte Aufmerksamkeit, aber die Menschen, die du für gewöhnlich oder schlampig hältst, die aus den unteren Schichten mit den niedrigen Aufgaben, die nicht besungen oder gefeiert werden, erhalten nicht dieselbe Zuwendung. Brennan, das ist für mich keine Nebensache. Wie du täglich mit anderen umgehst, unabhängig von ihrem Status, das ist der wahre Glaubenstest.«

Später am Abend, kurz vor dem Einschlafen, tanzten verschiedene Bilder vor meinem inneren Auge. Carlton Hayes, ein phantastisch gebauter Athlet Anfang zwanzig, über einsneunzig groß, neunzig Kilo schwer, springt auf einem Trampolin und zeigt sein unwiderstehliches Zahnpasta-Lächeln. Um ihn hat sich eine Menschenmenge versammelt. Nun fängt er an, Seil zu hüpfen – eine blendende Demonstration von Koordinierung, Beweglichkeit und Anmut. Die Zuschauer klatschen. »Preis dem Herrn!«, ruft der Athlet.

Nun kommt Moe, ein Mann aus dem Betreuungstross, mit einem Energy drink in der Hand. Moe ist Anfang fünfzig, knapp einssiebzig und ziemlich rund. Er trägt ein verknittertes Hemd, der Kragen ist offen, der Schlips hängt schief. Moe hat einen schütteren Kranz filziger Haare von den Schläfen bis zum Hinterkopf, wo sie in einem Büschel grauschwarzer Strähnen zusammenlaufen. Der kleine Hilfsarbeiter ist unrasiert. Seine feisten Wangen und das Glasauge sorgen dafür, dass jeder schnell wegblickt.

Tragischer kleiner Typ, könnte man denken. Oder: schleimiger, missgünstiger Mitläufer.

Moe ist keins von beidem. Sein Herz ruht in der Liebe des Vaters. Er schiebt sich ganz unbefangen durch die Menge und reicht dem Helden voll natürlicher Würde das Glas Gatorade. Er fühlt sich in seiner Rolle als Diener so wohl wie eine Hand im Handschuh (denn genauso hat sich Jesus ihm zuerst offenbart, als Diener der Menschen, und sein Leben verändert). Moe hat keine Komplexe.

Am Abend, so träume ich weiter mit offenen Augen, wird Carlton Hayes beim Bankett der Vereinigung christlicher Sportler, die aus dem ganzen Land angereist kommen, die Festrede halten. Er wird darüber hinaus als achtfacher olympischer Goldmedaillen-Gewinner den Waterford-Pokal erhalten.

Fünftausend Personen versammeln sich im Ritz-Carlton-Hotel. Sterne und Sternchen aus der Welt der Politik, des Sports und des Showbusiness verteilen sich im Saal. Als Hayes aufs Podium steigt, hat die Menge gerade ein üppiges Mahl beendet. Die Rede des Hauptreferenten ist gespickt mit Hinweisen auf die Kraft Christi und die grenzenlose Dankbarkeit gegenüber Gott. Herzen werden angerührt; Frauen und Männer schämen sich ihrer Tränen nicht, dann klatschen sie donnernden Applaus.

Hinter dem glatten Vortrag verrät Carltons leerer Blick jedoch, dass die Worte nicht aus seiner Seele kommen. Der Starruhm hat sich zwischen ihn und Christus geschoben. Das persönliche Verhältnis zu Gott hat gelitten. Das leise Reden des Heiligen Geistes wird vom ohrenbetäubenden Applaus übertönt.

Vom Erfolg und dem Jubel der Menge getragen, schlendert der

olympische Held gelöst von einem Tisch zum andern. Er will sich bei allen beliebt machen – bei den Kellnern angefangen bis hin zum Filmstar.

Im Red-Roof-Inn sitzt Moe vor dem Fernseher und verzehrt sein Tiefkühlmenü. Er ist nicht zum Bankett im Ritz-Carlton geladen, weil er, offen gesagt, nicht dazupassen würde. Oder wäre es etwa angebracht, dass ein dickbäuchiger, schäbiger Assistent mit Glasauge sich einen Stuhl neben Ronald Reagan oder Arnold Schwarzenegger zieht?

Moe setzt sich an den Tisch und schließt die Augen. Die Liebe des gekreuzigten Christus steigt in ihm auf. Seine Augen füllen sich mit Tränen. »Danke, Herr Jesus«, flüstert er und zieht den Plastikdeckel von der Mikrowellen-Lasagne. Dann schlägt er in seiner Bibel den 23. Psalm auf.

Auch ich kam in dem Traum vor. Wo verbrachte ich den Abend? Mein Hochstapler hatte sich einen Frack geliehen, und wir waren ins Ritz gegangen.

Am nächsten Morgen wachte ich um vier Uhr in meinem Holzhäuschen auf, duschte und rasierte mich, machte mir eine Tasse Kaffee und begann in der Bibel zu blättern. Meine Augen fielen auf eine Stelle im 2. Korintherbrief: »Also schätzen wir von jetzt an niemand mehr nur nach menschlichen Maßstäben ein« (5,16). Autsch! Ich schleppte mein falsches Ich sogar in meinen Träumen mit mir herum.

Ich fühle mit Charles Ashworth, der Romanfigur, deren geistlicher Mentor sagt: »Charles, lese ich wohl zu viel in Ihre Bemerkungen hinein, wenn ich schließe, dass es für Sie sehr wichtig ist, gemocht und gelobt zu werden?«

»Aber natürlich ist das wichtig«, erwidert Ashworth. »Ist es das nicht für jeden Menschen? Ist es nicht das, worum es im Leben überhaupt geht? Erfolg ist, wenn die Leute einen mögen und loben. Versagen ist, wenn man abgelehnt wird. Das weiß doch jeder.«[21]

Das Tragische ist, dass der Hochstapler in allen zwischenmenschlichen Beziehungen kein wirkliches Gefühl der Nähe erleben kann. Sein Narzissmus schließt andere aus. Weil er nicht fähig ist, sein eigenes Ich zu mögen, und nichts von seinen Gefühlen, seiner Intuition oder seinen Erkenntnissen weiß, ist er auch unempfindlich für die Stimmungen, Bedürfnisse und Träume anderer. Ein Austausch ist unmöglich. Der Hochstapler hat sein Leben um Leistungen, Erfolg, Geschäftigkeit und selbstzentrierte Aktivitäten herumgebaut, die ihm Lob und Anerkennung anderer einbringen.

»Es gehört zum Wesen des falschen Ichs, dass es uns daran hindert, die Wahrheit über uns selbst zu erkennen, den tieferen Grund unseres Unglücklichseins zu erforschen, uns so zu sehen, wie wir wirklich sind – verletzlich, verängstigt, voller Furcht und unfähig, unser wahres Ich an die Oberfläche zu lassen.«[22]

Warum gibt sich der Hochstapler mit einem so verkürzten Leben zufrieden? Erstens, weil es zu schmerzhaft ist, verdrängte Erinnerungen aus der Kindheit, die zum Auslöser für seine Selbsttäuschung wurden, wieder zuzulassen. Sie bleiben deshalb sorgfältig verborgen. Schwache Stimmen aus der Vergangenheit lassen vage Erinnerungen an im Zorn verhängte Strafe und ein anschließendes Gefühl der Verlassenheit wach werden. »Das falsche Ich hat ein leistungsfähiges Abwehrsystem entwickelt, dessen Aufgabe darin besteht, Gefühle der Ablehnung nicht an sich heranzulassen, auch wenn damit das Bedürfnis nach Nähe geopfert wird. Das System wird während der ersten Lebensjahre aufgebaut, wenn es wichtig ist herauszufinden, was Mutters Missfallen hervorrufen könnte.«[23]

Der zweite Grund, weshalb der Hochstapler sich mit so wenig Leben zufrieden gibt, ist schlicht und einfach seine Feigheit. Als Kind konnte ich mich noch damit rechtfertigen, dass ich macht- und wehrlos war. Doch im Herbst des Lebens, nachdem ich so viel Liebe und Zuneigung erfahren habe und von endloser Bestätigung gestärkt bin, muss ich beschämt zugeben, dass ich noch immer aus der Angst heraus operiere. In Situationen offensichtlicher Ungerechtigkeit bin ich stumm geblieben. Während der Schwindler eine glänzende Leistung an den Tag legte, habe ich selbst in Beziehungen eine passive Rolle eingenommen, habe kreatives Denken erstickt, meine wahren Gefühle geleugnet, mich von anderen einschüchtern lassen und mein Verhalten damit gerechtfertigt, dass ich mir einredete, der Herr wolle mich als Friedensstifter ... Aber zu welchem Preis?

Thomas Merton sagt, ein Leben, das sich dem Schatten widme, sei ein Leben der Sünde. Durch meine feige Weigerung – aus Angst vor Ablehnung –, aus meinem wahren Ich heraus zu denken, zu fühlen, zu handeln, zu reagieren und zu leben, habe ich gesündigt. Natürlich argumentiert der Schwindler »unbarmherzig, die Wurzel des Problems sei geringfügig und sollte übergangen werden, ›reife‹ Männer und Frauen würden sich nicht über solche Kleinigkeiten aufregen, das Gleichgewicht sollte bewahrt werden, selbst wenn den persönlichen Hoffnungen und Träumen damit unvernünftige Grenzen gesetzt werden und das Leben nur in verkürzter Form angenommen wird«.[24]

Der Hochstapler und das Gebet

Wir weigern uns sogar vor Gott wir selbst zu sein – und wundern uns dann, warum er so weit fort erscheint. Der tiefste Wunsch unseres Herzens ist die Gemeinschaft mit Gott. Vom ersten Augenblick unseres Lebens an sehen wir uns danach, den eigentlichen Sinn unseres Lebens zu erfüllen – »ihn klarer zu erkennen, tiefer zu lieben und ihm näher zu folgen«. Wir sind für Gott geschaffen, und nichts weniger kann uns letztlich zufrieden machen. C. S. Lewis konnte sagen, er sei »überrascht von Freude«, gepackt von einem Wunsch, der »alles andere, was je geschehen war, im

Vergleich dazu unwichtig« machte. Unser Herz wird immer unruhig sein, bis es in ihm ruht. Ein Weg, um auf Gott zu antworten, ist zu beten. »Das Gebet ist im Wesentlichen der Ausdruck eines Herzens, das sich nach Liebe sehnt. Es ist nicht so sehr eine Aufzählung unserer Wünsche, als vielmehr das Ausatmen unseres tiefsten Wunsches, nämlich so nah wie nur möglich bei Gott zu sein.«[25]

Haben Sie je darüber gerätselt, warum Sie einen solchen inneren Widerstand gegen das Beten empfinden? Warum Sie die Stille, die Einsamkeit, das Alleinsein mit Gott so fürchten? Warum Sie so schwer aus dem Bett kommen, um die morgendliche Stille zu halten, sich mit der Leidensmiene des unheilbar Kranken zum Gottesdienst schleppen, das Abendgebet mit stoischer Resignation absolvieren, im Wissen, dass »auch dieser Kelch vorübergeht«?

Halten Sie Ausschau nach dem Schwindler!

Das falsche Ich ist ein Spezialist für trügerische Verkleidungen. Es ist der faule Teil unserer Persönlichkeit, der jede Anstrengung, jede Entsagung oder Disziplin, welche die Nähe zu Gott von uns fordert, vermeiden will. Es flüstert uns Rechtfertigungen ein wie: »Meine Arbeit ist mein Gebet. Ich bin zu beschäftigt. Gebet sollte etwas Spontanes sein, deshalb bete ich nur, wenn ich mich vom Geist gedrängt fühle.« Die lahmen Entschuldigungen erlauben es uns, den Status quo aufrechtzuerhalten.

Das falsche Ich fürchtet sich vor dem Alleinsein, weil es weiß, »wenn es innerlich und äußerlich still würde, dann würde es entdecken, dass es Nichts ist. Es wäre mit nichts als seiner eigenen Nichtigkeit allein, und für das falsche Ich, das ja von sich behauptet, alles zu sein, wäre eine solche Entdeckung das Ende.«[26]

Es versteht sich von selbst, dass der Hochstapler beim Beten ungeduldig ist. Ihn hungert nach Erregung, er sehnt sich nach bewusstseinsverändernden Erfahrungen. Er ist deprimiert, wenn das Rampenlicht fehlt. Das falsche Ich ist frustriert, weil es nie Gottes

Stimme hört. Dabei kann es sie gar nicht hören, denn für Gott ist es gar nicht da. Das Gebet ist das Ende jeder Identität, die nicht von Gott kommt. Das falsche Ich flieht vor Stille und Einsamkeit, weil es von beiden an den Tod erinnert wird.

Der hektische Lebensstil des Hochstaplers kann den Gedanken an den Tod nicht ertragen, weil er ihn mit einer unerträglichen Wahrheit konfrontiert: »Unter den Kleidern, mit denen du dich verhüllst, ist kein Kern. Du bist hohl, und dein Gebäude von Vergnügen und Ehrgeiz hat kein Fundament. Du bist darin selbst zum Gegenstand geworden. Aber diese Dinge sind schon allein durch ihre Zufälligkeit zum Scheitern verdammt. Und wenn sie verschwunden sind, dann bleibt von dir nichts weiter übrig als deine Blöße und Leere und dein Hohlsein, die dir sagen, dass du dein eigener Fehler bist.«[27]

Den Schwindler erkennen

Den Schwindler so schonungslos zu sezieren, mag zunächst als eine masochistische Übung erscheinen. Birgt eine solche Innenschau nicht schon in sich die Niederlage? Ist das wirklich nötig?

Ich behaupte, dass sie für das geistliche Wachstum nicht nur nötig, sondern unabdingbar ist. Der Schwindler muss aus seinem Versteck hervorgelockt, er muss akzeptiert und in die Arme genommen werden. Er ist ein wesentlicher Bestandteil meines Ichs. Was geleugnet wird, kann nicht geheilt werden. Demütig eingestehen, dass ich oft in einer unwirklichen Welt lebe, dass meine Beziehung zu Gott von meiner Seite belanglos geworden ist und ich von eitlem Ehrgeiz getrieben werde, ist der erste Schritt, um mein schillerndes Bild zu enthüllen. Die Ehrlichkeit und Bereitschaft, dem falschen Ich in die Augen zu sehen und es damit aus der Fassung zu bringen, sprengt die Stahltür der Selbsttäuschung. Friede entsteht, wenn ich die Wahrheit akzeptiere. Jede Facette des schattenhaften Ichs, die wir nicht annehmen wollen, wird zum Feind und zwingt uns in eine Abwehrhaltung. »Und die zerstreuten Teile unseres Ichs werden schnell in den Menschen um uns herum Gestalt gewinnen. Nicht alle Feindseligkeit ist darauf zurückzuführen, aber es ist einer der wesentlichen Faktoren für unsere Unfähigkeit, mit anderen Menschen zurechtzukommen, dass sie für uns genau die Elemente in uns darstellen, die wir nicht zugeben wollen.«[28]

Wenn wir unsere Selbstsucht und unsere Dummheit anerkennen, versöhnen wir uns mit dem Schwindler in uns und geben zu, dass wir arm und zerbrochen sind; wären wir es nicht, so wird uns klar, dann wären wir Gott. Die Kunst, freundlich zu sich selbst zu sein, führt dazu, auch anderen freundlich zu begegnen – und ist eine natürliche Vorbedingung dafür, im Gebet in Gottes Gegenwart zu treten.

Wer den Schwindler in sich hasst, der hasst letztlich sich selbst. Der Schwindler und ich sind eine Person. Verachtung des falschen Ichs bahnt den Weg zu echter Feindschaft, die sich als allgemeine Gereiztheit äußert – eine Gereiztheit gegenüber den Fehlern anderer, die wir an uns selbst hassen. Selbsthass führt immer zu selbstzerstörerischem Verhalten.

Zugeben, dass wir sündig sind, heißt das echte Ich anzuerkennen.

C. G. Jung schrieb: »Sich selbst annehmen ist der Kern ... einer gesamten Lebenshaltung. Die Hungrigen speisen, eine Beleidigung verzeihen, meinen Feind im Namen Christi lieben – das alles sind zweifellos große Tugenden. Was ich dem Geringsten meiner Brüder tue, das tue ich Christus. Aber was ist, wenn ich entdecke, dass der Geringste von allen, der Ärmste aller Bettler, der Unverschämteste aller Missetäter, der eigentliche Feind – dass diese alle in mir stecken und dass ich selbst die Almosen meiner Freundlichkeit nötig habe – dass ich selbst ein Feind bin, der geliebt werden muss –, was dann? In der Regel schlägt die Haltung des Christen dann ins Gegenteil um. Es ist nicht mehr die Rede von Liebe oder Langmut; wir sagen zu dem Bruder in uns ›Scheusal‹ und verdammen und wüten gegen uns selbst. Wir verbergen es vor der Welt; wir weigern uns zuzugeben, dass wir diesem Ärmsten der Armen in uns selbst je begegnet sind.«[30]

Wenn wir die Wahrheit über uns selbst zugeben und an Jesus Christus ausliefern, dann werden wir von Frieden umhüllt, ob wir es spüren oder nicht. Jener Friede, der höher ist als alle Vernunft, ist kein subjektives, friedliches Gefühl. Wenn wir in Christus sind, dann *haben* wir Frieden, auch wenn wir keinen Frieden spüren. Mit einer Güte und einem Verständnis für die menschlichen Schwächen, wie nur Gott sie zeigen kann, befreit uns Jesus von aller Entfremdung und Selbstverurteilung und bietet jedem von uns eine neue Möglichkeit. Er ist der Erlöser, der uns vor uns selbst rettet. Sein Wort ist Freiheit. Dieser Meister sagt zu uns:

»Verbrenn die alten Bänder, die sich in deinem Kopf drehen und dich fesseln und in deinen egoistischen Klischees einsperren. Hör auf das neue Lied der Erlösung, das für die geschrieben wurde, die wissen, wie arm sie sind. Lass die Angst vor dem Vater los und deinen Abscheu vor dir selbst. Erinnerst du dich an die Geschichte von ›Don Quichote‹? Der Spiegelritter log ihn an, als er sagte: ›Sieh dich so, wie du bist. Erkenne, dass du kein edler Ritter bist, sondern eine idiotische Vogelscheuche.‹ Und der Verführer lügt, wenn er zu dir sagt: ›Du bist kein Ritter, sondern ein dummer Snob. Sieh in den Spiegel der Realität. Nimm die Dinge so wahr, wie sie wirklich sind. Was siehst du? Nichts als einen alternden Narr.‹ Der Vater der Lüge verdreht die Wahrheit und entstellt die Wirklichkeit. Er ist der Urheber von Zynismus und Skepsis, Misstrauen und Verzweiflung, krankem Denken und Selbsthass. Ich bin der Sohn der Barmherzigkeit. Du gehörst zu mir, und niemand wird dich aus meiner Hand reißen.«

Jesus offenbart uns, welche Gefühle Gott für uns hegt. Wenn wir die Evangelien durchblättern, entdecken wir, dass wir selbst die Menschen sind, denen Jesus dort begegnet. Das Verständnis und das Mitgefühl, das er ihnen entgegenbringt, bietet er auch dir und mir an. Am zwanzigsten und letzten Tag in den Bergen von Colorado schrieb ich den folgenden Brief:

Guten Morgen, Schwindler.

Sicher überrascht dich diese freundliche Begrüßung. Wahrscheinlich hast du eher so etwas wie: »He, du kleiner Knilch« erwartet. Schließlich habe ich vom ersten Tag dieser Retraite an auf dich eingedroschen. Lass mich dir zunächst sagen, dass meine Einschätzung von dir unvernünftig, undankbar und unausgewogen war. (Natürlich ist dir klar, du Rauchwolke, dass ich mit mir selbst rede, wenn ich dich hier anspreche. Du bist kein isoliertes, unpersönliches Wesen auf einem anderen Stern, sondern ein ganz realer Teil meines eigenen Ichs.)

Wenn ich heute zu dir komme, dann nicht mit der Rute in der Hand, sondern mit einem Olivenzweig. Als ich noch ein kleiner Grünschnabel war und zum ersten Mal begriff, dass niemand für mich da war, hast du eingegriffen und mir gezeigt, wo ich mich verstecken kann. (In jenen Tagen der großen Depression in den dreißiger Jahren, du erinnerst dich, hatten meine Eltern alle Hände voll zu tun, um uns wenigstens genug zu essen und ein Dach über dem Kopf zu sichern.)

Damals warst du von unschätzbarem Wert. Ohne dein Eingreifen hätte mich das Grauen überwältigt und die Angst gelähmt. Du aber warst für mich da und hast für meine Entwicklung eine entscheidende Beschützerrolle gespielt. Vielen Dank.

Als ich vier Jahre war, hast du mir gezeigt, wie man eine Hütte baut. Erinnerst du dich noch an das Spiel? Ich kroch im Bett unter die Decke und zog Leintücher, Bettdecke und Kissen über mich – und glaubte wirklich, dass mich niemand finden würde. Dort fühlte ich mich sicher. Und ich staune heute noch, wie gut das funktionierte. Ich dachte mir schöne Dinge aus und musste unter der Decke grinsen oder sogar laut lachen. Wir haben diese Hütte zusammengebaut, weil die Welt, in der wir lebten, nicht besonders freundlich zu uns war.

Aber beim Bauen hast du mir auch beigebracht, wie ich mein wahres Ich vor Menschen verberge, und hast damit einen lebenslangen Prozess der Heimlichtuerei, der Zurückhaltung, des Rückzugs in Gang gesetzt. Dein Einfallsreichtum half mir zu überleben. Doch dann kam deine bösartige Seite zum Vorschein, und du fingst an mich anzulügen. »Brennan«, flüstertest du, »wenn du weiter so blöd bist und darauf bestehst, du selbst zu sein, dann werden deine geduldigen Freunde bald das Weite suchen und dich allein lassen. Unterdrück die Gefühle, schlag die Erinnerungen zu, halt deine Meinung zurück und lern gute Umgangsformen, damit du überall hinpasst.«

Und so begann das ausgeklügelte Spiel von Verstellung und Täuschung. Weil es funktionierte, erhob ich keine Einwände. Im Lauf der Jahre mussten du und ich von den verschiedensten Seiten Schläge einstecken. Das hat uns ermutigt und in dem Entschluss bestärkt, das Spiel fortzusetzen. Aber du brauchtest jemanden, der dich im Zaum hielt. Ich hatte weder die Kraft noch den Mut, dich zu zähmen, und so poltertest du weiter herum und kamst immer heftiger in Schwung. Dein Hunger nach Aufmerksamkeit und Bestätigung wurde unersättlich. Ich hielt dir die Lüge nie vor, weil ich mich selbst täuschen ließ.

Kurz gesagt, mein verzogener Spielkamerad, du bist ebenso bedürftig wie egoistisch. Du brauchst Zuwendung, Liebe und einen sicheren Aufenthaltsort. Mein Gedanke an dich an diesem letzten Tag in den Bergen besteht darin, dass ich dich dorthin bringe, wohin du dich, ohne es zu wissen, schon immer gesehnt hast – in die Gegenwart Jesu. Deine wilden Tage sind vorbei. Von jetzt an wirst du dich zurückhalten, sehr zurückhalten.

In seiner Gegenwart habe ich festgestellt, dass du schon angefangen hast zu schrumpfen. Willst du etwas wissen, kleiner Kerl? So siehst du viel netter aus. Ich habe dir schon einen Spitznamen gegeben – »Winzling«. Natürlich wirst du nicht einfach so zusammenklappen und sterben. Ich weiß, dass du manchmal unmutig sein und anfangen wirst, um dich zu schlagen. Aber je mehr Zeit du in der Nähe Jesu verbringst, desto mehr wirst du dich an sein Angesicht gewöhnen und desto weniger Lobhudelei wirst du brauchen, weil du selbst entdeckst, dass er genügt. Und in seiner Gegenwart wirst du voller Freude erkennen, was es heißt, aus der Gnade und nicht aus der Leistung zu leben.

Dein Freund Brennan.

3. Der Geliebte

Das wahre Ich finden

Eines Morgens saß ein Professor in der Cafeteria eines Colleges beim Frühstück. Da »setzte sich ein Student mit Bürstenschnitt in lockerer Freizeitkleidung hinter einen hohen Berg Pfannkuchen. Er war ein sehr methodischer Kollege. Nach einem Gebet, das fast eine Minute dauerte, zog er aus seiner Aktentasche einen Leseständer für seine Bibel hervor, ein paar Clips, um die Seiten festzuhalten, einen grünen, einen roten und einen gelben Filzstift, eine Plastikflasche mit flüssiger Margarine, eine in Plastik eingewickelte Flasche mit Ahornsirup, eine Leinenserviette und eines dieser Frischhaltetücher mit Zitronenduft. Das Ganze sah aus wie die Zirkusnummer, wo zwölf Männer aus einem Auto kriechen, das nicht größer ist als eine Konservendose ... Ich dachte, als nächstes würde er noch eine Munddusche und die Arche Noah hervorholen.«[31]

Diese Skizze lässt uns einen Blick auf das wahre Ich werfen – unbefangen, anspruchslos, ganz dem Leben zugewandt, dem Augenblick hingegeben und so selbstverständlich die Nähe Gottes einatmend, wie ein Fisch im Wasser schwimmt.

Der Glaube ist kein abgetrennter, isolierter Bereich unseres Lebens. Er ist vielmehr ein Lebensstil: das Leben selbst unter dem Blickwinkel des Glaubens. Heiligung besteht darin, mein wahres Ich zu entdecken, mich auf es zuzubewegen und aus ihm heraus zu leben.

In den Jahren im Kloster begann Thomas Merton zu erkennen, dass die höchste geistliche Entwicklung darin besteht, »normal« zu sein, »völlig Mensch zu werden, in einer Art, wie es nur wenigen Menschen gelingt, so einfach und natürlich sie selbst zu sein ... das Maß dessen, was auch andere sein könnten, wenn die Gesellschaft sie nicht durch Neid oder Ehrgeiz oder Gier oder verzweifeltes Verlangen verbiegen würde«.[32]

Der 1987 verstorbene John Eagan war ein ganz normaler Mann. Ein unspektakulärer Highschool-Lehrer aus Milwaukee, der sich mehr als dreißig Jahre in der Jugendarbeit engagierte. Er hat nie ein Buch geschrieben, ist nie im Fernsehen aufgetreten, hat keine Massen bekehrt und ist auch nie in den Ruf besonderer Heiligkeit gelangt. Er aß, schlief, trank, machte Fahrradtouren, wanderte durch die Wälder, unterrichtete und betete. Und er führte ein Tagebuch, das kurz nach seinem Tod veröffentlicht wurde. Es ist die Geschichte eines ganz normalen Mannes, dessen Herz von Jesus Christus gewonnen und ganz von ihm eingenommen war. In der Einleitung heißt es: »Im Kern geht es in Johns Tagebuch darum, dass wir dem Adel unserer Seele – und das bedeutet Heiligung – selbst das größte Hindernis sind. Wir betrachten uns als unwürdige Knechte, und dieses Urteil wird zu einer sich selbst erfüllenden Prophezeiung. Wir halten uns selbst für viel zu belanglos, um von einem Gott gebraucht zu werden, der selbst aus Dreck und Speichel Wunder wirken kann. Und so legt unsere falsche Demut einem ansonsten allmächtigen Gott Fesseln an.«[33]

Eagan, ein Mann mit herausragenden Schwächen und Charakterfehlern, hatte begriffen: Der Zerbruch gehört zum Wesen des Menschseins und wir müssen uns selbst vergeben, dass wir so unliebenswürdig, wankelmütig, unzulänglich, gereizt und dickbäuchig sind. Und er wusste, dass seine Sünden ihn nicht von Gott trennen konnten. Sie waren alle durch das Blut Jesu bezahlt. Voll Reue brachte er sein Schatten-Ich zum Kreuz und wagte es, aus der Vergebung zu leben. In Eagans Tagebuch hört man die Worte Mertons nachklingen: »Gott fordert mich, den Unwürdigen, auf, meine eigene und die Unwürdigkeit meiner Brüder zu vergessen und es zu wagen, in der Liebe vorwärts zu gehen, die uns alle versöhnt und in Gottes Ebenbild umgestaltet hat. Und über die anmaßende Vorstellung, überhaupt ›würdig‹ sein zu wollen, herzhaft zu lachen.«[34]

Damit das eingebildete Ich schrumpfte, führte Eagan mit konsequenter Treue ein Leben des kontemplativen Gebets. Während der stillen Woche, die er jedes Jahr mit seinem geistlichen Mentor verbrachte, traf ihn einmal die Erkenntnis seines wahren Ichs mit der Gewalt eines Vorschlaghammers. Am Morgen des sechsten Tages saß er mit seinem Mentor zusammen:

»An jenem Tag sagte Bob und hieb dabei mit der Faust auf den Tisch: ›... John, das ist deine Berufung, die Art, in der Gott *dich* ruft. Bete um eine Vertiefung seiner Liebe, ja, koste jeden Moment aus, in dem Gott gegenwärtig ist. Pflege deine kontemplative Ader, gib dich ihr hin, lass sie sein, suche Gott ...‹

Dann sagt er etwas, worüber ich noch Jahre nachdenken werde. Er sagt es sehr bedächtig. Ich bitte ihn, es zu wiederholen, damit ich es aufschreiben kann. ›John, es geht darum, dass du den Herrn und seine große Liebe zu dir zur Grundlage deines persönlichen Wertes machst. *Definiere dich ganz radikal als einen Menschen, der von Gott geliebt ist.* Gottes Liebe zu dir und seine Erwählung machen deinen Wert aus. Nimm das an und lass es zum Wichtigsten in deinem ganzen Leben werden.‹

Wir diskutieren darüber. Der Grund für meinen Wert als Mensch ist nicht mein Besitz, mein Talent, nicht die Achtung anderer, mein Ruf, ... nicht Ruhm und Anerkennung von Eltern oder Kindern, nicht Applaus und dass jeder einem sagt, wie wichtig man für die Sache ist ... Ich bin verwurzelt in Gott, vor dem ich völlig bloß dastehe, jenem Gott, der mir sagt: ›Du bist mein lieber Sohn.‹«[35] (Hervorh. B. M.)

Das normale Ich ist der unscheinbare Niemand, der im Winter vor Kälte zittert und im Sommer, wenn es heiß ist, schwitzt; das Ich, das den neuen Tag ganz unbelastet anfängt, einen Pfannkuchen isst, sich durch den Verkehr schlängelt, im Keller herumhämmert, im Supermarkt einkaufen geht, Unkraut zupft und

Laub harkt, Liebe macht und Schneebälle, Drachen steigen lässt und den Regentropfen auf dem Dach zuhört.

Während der Hochstapler seine Identität aus vergangenen Leistungen und den Schmeicheleien anderer Leute bezieht, findet das wahre Ich seine Identität darin, dass es geliebt ist. Wir begegnen Gott in den normalen Dingen des Alltags – nicht auf der Suche nach geistlichen Höhenflügen und außergewöhnlichen mystischen Erfahrungen, sondern ganz einfach dort, wo wir gerade sind.

In einem Brief an einen Intellektuellen und guten Freund in New York schreibt Henri Nouwen: »Ich will dir nur dies eine sagen: ›Du bist ein Geliebter.‹ Und ich hoffe nur, du kannst diese Worte hören, mit all der Zärtlichkeit und Stärke, die der Liebe eigen sind. Mein einziger Wunsch ist es, dass diese Worte in jedem Winkel deines Wesens widerhallen – ›Du bist ein Geliebter.‹«[36] Wenn es in dieser Wirklichkeit verankert ist, dann braucht unser wahres Ich keine Trompete, die seine Ankunft ankündigen soll, und auch keine prächtig geschmückte Tribüne, um die Aufmerksamkeit auf sich zu ziehen. Wir geben Gott die Ehre, indem wir ganz einfach wir selbst sind.

Gott hat uns geschaffen, damit wir Gemeinschaft mit ihm haben. Das ist der eigentliche Sinn unseres Lebens. Und es heißt von Gott, er sei Liebe (1. Johannes 4,16). Im Bewusstsein zu leben, dass wir geliebt sind, das ist die Achse, um die sich das Leben von Christen dreht. Geliebte zu sein, das ist unsere Identität, der Kern unseres gesamten Seins. Es ist nicht einfach ein vager Gedanke, eine interessante Idee oder ein Name unter vielen. Es ist der Name, unter dem Gott uns kennt, die Art, auf die er mit uns in Kontakt tritt.

Wenn ich eine Identität außerhalb von mir selbst suchen muss, kann die Anhäufung von Wohlstand, Macht und Ehre mich reizen. Oder wenn ich meinen Schwerpunkt in zwischenmenschlichen Beziehungen suche. Es ist eine Tragik, dass sogar die Kirche den Hochstapler streicheln kann, indem sie ihm Ehre zuteil werden lässt oder vorenthält, ihm aufgrund seines Verhaltens einen Ehrenplatz einräumt und durch eine Rang- und Hackordnung die Illusion eines gewissen Status schafft. Wenn die Zugehörigkeit zu einer Elitegruppe jedoch die Liebe zu Gott ausklammert, wenn ich Leben und Sinn aus einer anderen Quelle beziehe als aus der Tatsache, dass ich geliebt bin, dann bin ich geistlich tot. Wenn Gott hinter irgendwelchen Spielereien oder Kinkerlitzchen auf den zweiten Platz verwiesen wird, dann habe ich die kostbare Perle gegen eine bunt bemalte Glasscherbe eingetauscht.

»Wer bin ich?«, fragte Merton, und erwiderte: »Ich bin ein Mensch, der von Christus geliebt wird.«[37] Das ist das Fundament, auf dem das wahre Ich ruht. Um das Bewusstsein für dieses Geliebtsein zu entwickeln und zu behalten, brauchen wir unbedingt die Zeit allein mit Gott. In der Einsamkeit schalten wir die Stimmen aus, die uns einreden wollen, wir seien wertlos, und tauchen ein in das Geheimnis unseres wahren Ichs. Die Ursache unserer Unzufriedenheit ist die Unsicherheit darüber, wer wir wirklich sind. Diese Unruhe wird nie gestillt werden, solange wir uns nicht der Einsamkeit stellen und sie annehmen. Dort entdecken wir, dass es stimmt – wir sind tatsächlich geliebt. Unsere Identität ruht in Gottes hartnäckiger Liebe, die er uns in Jesus Christus offenbart hat.

Unsere kontrollierte Hektik verschafft uns nur allzu oft die Illusion, ein wohlgeordnetes Leben zu führen. Wir bewegen uns von Krise zu Krise; wir tun das Dringende und vernachlässigen das Wesentliche. Wir beherrschen all die Gesten und Gebärden, die den Menschen ausmachen, aber wir gleichen Menschen, die auf dem Laufband im Flughafen transportiert werden. Das Feuer im Bauch erstirbt. Wir hören nicht mehr, was Boris Pasternak »die innere Musik« nannte, nämlich dass wir geliebt sind.

Mike Yaconelli berichtet, wie er deprimiert und demoralisiert mit seiner Frau Karla nach Toronto fuhr, um fünf Tage in der

Kommunität der »Arche« zu verbringen. Er ging in der Hoffnung, von den geistig und körperlich Behinderten, die dort leben, neue Anregungen zu bekommen oder durch die Predigten und die Nähe von Henri Nouwen Trost zu finden. Stattdessen fand er sein wahres Ich. Er erzählt:

»Es waren nur ein paar Stunden der Stille nötig, bis ich meine Seele reden hörte. Ich musste nur eine kurze Zeit allein sein, um zu entdecken, dass ich nicht allein war. Gott hatte versucht, den Lärm meines Lebens zu übertönen, aber ich konnte ihn nicht hören. Doch in der Stille und der Einsamkeit schrie das Flüstern aus meiner Seele: ›Michael, ich bin hier. Ich habe dich gerufen, aber du hast nicht gehört. Kannst du mich hören, Michael? Ich liebe dich. Ich habe dich immer geliebt. Und ich habe darauf gewartet, dass du mir zuhörst. Aber du warst so beschäftigt damit, dir selbst zu beweisen, dass du geliebt wirst, dass du mich nicht gehört hast.‹

Ich hörte ihn, und meine schläfrige Seele wurde mit der Freude des verlorenen Sohnes erfüllt. Der liebende Vater, der auf mich gewartet hatte, weckte mein Herz auf. Schließlich akzeptierte ich, dass ich kaputt war ... Das hatte ich noch nie zugeben wollen. Ich will das erklären. Ich hatte gewusst, dass ich kaputt war. Ich wusste, ich bin ein Sünder. Ich wusste, dass ich Gott ständig enttäuschte, aber ich konnte diesen Teil meines Ichs nie akzeptieren. Ich hatte ständig das Bedürfnis, mich zu entschuldigen, vor meinen Schwächen davonzurennen, zu leugnen, wer ich war, und mich darauf zu konzentrieren, wie ich sein sollte. Ich war kaputt, ja, aber ich versuchte ständig, nicht wieder zerbrochen zu werden – oder zumindest so weit zu kommen, dass ich nur noch selten zerbrochen wurde ...

In der ›Arche‹ wurde mir sehr klar, dass ich den christlichen Glauben völlig falsch verstanden hatte. Mir ging allmählich auf, dass Jesus gerade in meinem Zerbruch, in meiner Machtlosigkeit, in meiner Schwäche stark wird. Erst als ich meinen mangelnden

Glauben zugab, konnte Gott mir Glauben geben. Erst als ich den Zerbruch akzeptierte, konnte ich mich mit dem Zerbruch anderer Menschen identifizieren. Es war meine Aufgabe, mich mit dem Schmerz anderer Menschen zu identifizieren, nicht ihn zu lindern. Dienst heißt Teilen, nicht dominieren – verstehen, nicht theologisieren – Anteil nehmen, nicht reparieren.

Was bedeutet das alles?

Ich weiß es nicht ... und um ganz ehrlich zu sein, das ist auch die falsche Frage. Ich weiß nur, dass wir zu bestimmten Zeiten in unserem Leben eine Neuausrichtung vornehmen. Und dies war für mich eine solche Zeit. Wenn Sie sich die Karte meines Lebens ansehen würden, dann würden Sie kaum etwas anderes als eine kleine Richtungsänderung erkennen. Ich kann nur sagen, dass sich alles ganz anders anfühlt. Da ist eine Freude, eine Elektrizität über Gottes Gegenwart in meinem Leben, die ich früher nie gespürt habe. Ich kann Ihnen nur sagen, dass ich zum ersten Mal in meinem Leben höre, wie Jesus mir jeden Tag zuflüstert: ›Michael, ich liebe dich.‹ Und eigenartigerweise scheint das zu genügen.«[38]

Der nüchterne Stil des Berichts zeigt einen Mann, der nichts vortäuschen muss. Keine fromme Fassade, keine falsche Bescheidenheit. Etwas ist anders. An einem Winterabend in Toronto begriff ein irdenes Gefäß, dass es geliebt ist. Yaconelli putzt noch immer seine Zähne, kämmt den zerzausten Bart, steigt beim Anziehen erst in das eine, dann in das andere Hosenbein, sitzt begierig vor einem Pfannkuchen – aber sein Herz ist erfüllt von Freude. Die Liebe Gottes hat die Abwehr, die er um sich aufgebaut hatte, eingerissen und die Hoffnung wiederhergestellt. Die Zukunft ist nicht mehr düster. Ganz gefangen genommen vom Jetzt ist gar kein Raum mehr, um das Morgen zu fürchten. Der Schwindler kommt ab und zu zurück, doch Yaconelli hat in der Wüste des Augenblicks einen sicheren Hafen gefunden.

Wir betrachten hier keinen »geistlichen Riesen« der christlichen Gemeinde, sondern einen ganz normalen evangelischen

Mann, der dem Gott der normalen Leute begegnet ist. Dem Gott, der Lumpen und Bösewichte am Kragen packt und hochhebt, damit sie bei den Prinzen und Prinzessinnen in seinem Reich sitzen.

Ist das nicht Wunder genug? Oder ist das gewaltige »Also hat Gott die Welt geliebt« (Johannes 3,16) vom Lärm der frommen Worte erstickt worden? Sind wir deshalb für die Botschaft, Gott könnte auch uns lieben, taub geworden?

Die stille Einsamkeit finden

Was mich beim Lesen von Yaconellis Büchern und Artikeln besonders beeindruckt, ist die einfache, ehrliche und direkte Sprache. Sie steht in scharfem Kontrast zu der wolkigen Sprache des Hochstaplers, der sich hinter Ausflüchten, Ausreden und Vertuschungsmanövern versteckt. Vor einigen Jahren, in der Blütezeit meines Hochstaplerdaseins, schrieb ich eine Besprechung zur ersten Buchveröffentlichung eines Hochstaplerkollegen. Ich beschrieb seine Prosa etwa so: »Sein blumiger Stil ist reine Schaumschlägerei. Dennoch hat seine ausdauernde Gehaltlosigkeit einen organischen Fluss und ist in einer Weise überhöht, die nur schwer zu imitieren und für den Leser eigenartig verführerisch ist.« Puh!

Einmal begann ich einen Vortrag über den elften Schritt des Programms der Anonymen Alkoholiker mit der Geschichte von einem Mann, der in einer Krise plötzlich eine Erdbeere entdeckt und isst. Ich betonte vor allem seine Fähigkeit, im Augenblick zu leben. Dann setzte ich zu etwas an, was ich für eine besonders gelungene Erklärung hielt, einer Interpretation voll tiefer philosophischer, theologischer und geistlicher Erkenntnisse.

Später kam eine Frau zum Rednerpult und sagte: »Die Geschichte von der Erdbeere hat mir sehr gut gefallen.« Wir waren uns einig, dass eine einzige, schlichte Erdbeere mehr Aussagekraft hatte als all mein aufgeblasenes Geschwätz.

Der Wortschatz des Hochstaplers ist voller wolkiger, farbloser, wichtigtuerischer Worte. Ist es bloßer Zufall, dass in der Bibel von unsicherer, leerer Sprache nichts zu finden ist? Die Evangelien enthalten keine Spur von abschätziger Rede, von Jargon oder bedeutungsvollem Unsinn. Ungezügelt klingt der Hochstapler oft wie eine Kreuzung zwischen Goethe und den Marx-Brothers. Seine salbungsvollen Reden sind eine Anhäufung von Halbwahrheiten. Weil er ein Meister der Verstellung ist, kann er leicht in eine vermeintliche Demut, in die Rolle eines aufmerksamen Zuhörers, des gewitzten Plauderers, des intellektuellen Schwergewichts oder eines urbanen Bewohners des globalen Dorfes schlüpfen. Das falsche Ich ist geschult in einer kontrollierten Offenheit, die sorgfältig jede Spur von Selbstoffenbarung vermeidet.

Stille ist nicht nur die Abwesenheit von Lärm oder der Abbruch des Gesprächs mit der Außenwelt, sondern auch ein Prozess, bei dem man zum Innehalten kommt. Stille Einsamkeit formt eine wahrhaftige Sprache. Ich rede nicht von der körperlichen Isolation; Einsamkeit bedeutet hier, mit dem Alleinsein allein zu sein, dem transzendenten Anderen zu erleben und sich bewusst zu werden, dass man geliebt ist. Es ist unmöglich, einen anderen Menschen näher zu kennen, ohne dass man Zeit miteinander verbringt. Das Schweigen macht aus dieser Einsamkeit Wirklichkeit. Jemand hat einmal gesagt: »Stille ist praktizierte Einsamkeit.«

Es ist nicht viel anders als bei der Geschichte von dem geplagten Geschäftsmann, der zu einem der Wüstenväter ging und seine Frustration beim Beten, seine fehlende Tugend und seine gescheiterten Beziehungen beklagte. Der Eremit hörte aufmerksam zu, wie der Besucher seine Kämpfe und die Enttäuschungen schilderte. Dann verschwand er im Dunkel seiner Höhle und kam mit einer Schüssel und einem Wasserkrug zurück.

»Sieh dem Wasser zu, wenn ich es in die Schüssel gieße«, sagte er. Das Wasser spritzte auf den Boden und an die Seiten des Behälters. Es war wild und bewegt. Zuerst kreiste das aufgewühlte

Wasser im Innern der Schüssel. Dann begann es langsam ruhiger zu werden, bis aus den kleinen, schnellen Kreisen allmählich größere Ringe wurden, die sich sanft an den Rand bewegten. Mit der Zeit wurde die Oberfläche so glatt, dass der Besucher sein Gesicht darin sehen konnte. »So ist es, wenn du ständig unter anderen Menschen lebst«, sagte der Eremit. »In dem Durcheinander und den Störungen siehst du dich nicht so, wie du wirklich bist. Du kannst die göttliche Gegenwart in deinem Leben nicht erkennen, und das Bewusstsein, dass du geliebt bist, wird immer schwächer.«

Es dauert eine Weile, bis das Wasser ruhig wird. *Um zur inneren Stille zu finden, muss man warten können.* Jeder Versuch, den Prozess zu beschleunigen, rührt das Wasser nur erneut auf. Vielleicht kommen erst einmal Schuldgefühle hoch. Das Schatten-Ich will dir einreden, du seist egoistisch, du würdest deine Zeit vergeuden und den Pflichten in Familie, Beruf, im Dienst und der Gemeinde ausweichen. Diesen Luxus könntest du dir nicht leisten. Der Theologe Edward Schillebeeckx erwidert darauf: »In einer Offenbarungsreligion hat die Stille mit Gott einen Wert in sich selbst und um ihrer selbst willen, einfach weil Gott Gott ist. Wer den Wert des bloßen Alleinseins mit Gott, als ein Geliebter und ohne etwas zu tun, nicht erkennt, der nimmt dem christlichen Glauben das Herz.«[39]

Erst in der stillen Einsamkeit wird echtes Reden möglich und persönlich. Wenn ich nicht weiß, dass ich geliebt bin, kann ich nicht erkennen, dass auch andere geheiligt sind. Wenn ich mir selbst entfremdet bin, dann bin ich auch anderen ein Fremder. Die Erfahrung hat mich gelehrt, dass ich dann am besten auf andere zugehen kann, wenn ich mit meinem eigenen Ich in Einklang stehe. Wenn ich es Gott erlaube, mich von der ungesunden Abhängigkeit von anderen Menschen zu befreien, kann ich aufmerksamer zuhören, selbstloser lieben, mehr Anteilnahme zeigen und spielerischer sein. Ich nehme mich selbst nicht mehr so wichtig. Ich spüre den Atem des Vaters auf meinem Gesicht und fühle, dass ich lache und über das ganze Gesicht strahle. Das Leben ist ein Abenteuer, und ich genieße es.

Bewusst Zeit mit Gott »vergeuden« macht mich fähig, mit größerer Kraft zu reden, zu handeln und zu vergeben, anstatt die neuste Schramme auf meinem verwundeten Ich zu pflegen. Es befähigt mich, mich selbst zumindest vorübergehend an etwas zu verlieren, das größer ist als meine Ängste und Unsicherheiten, einfach still zu sein in dem Wissen, dass Gott Gott ist.

Außerdem macht uns die Einübung stiller Einsamkeit auch fähig, mit weniger Schlaf auszukommen und dennoch unternehmungslustiger zu sein. Die Energie, die der Hochstapler in der ermüdenden Jagd nach illusorischem Glück vergeudet, steht nun zur Verfügung und kann sich auf das konzentrieren, was wirklich wichtig ist – Liebe, Freundschaften, die Nähe zu Gott.

Allein mit dem Alleinsein zu sein, führt uns weg von dem, was John Henry Newman das rationale oder begriffliche Wissen genannt hat, hin zum echten Wissen. Das Erstere bedeutet, dass ich etwas in einer fernen, abstrakten Weise weiß, die mein Leben nicht berührt; das Letztere bedeutet, dass ich etwas womöglich nicht wirklich *weiß*, aber trotzdem danach handele. In einem seiner Gedichte schrieb T. S. Eliot: »Heute Abend ist es schlimm. Meine Nerven sind am Ende. Sprich einfach mit mir. Ich werde die Nacht schon überstehen.« In der einsamen Stille hören wir mit großer Aufmerksamkeit auf die Stimme, die uns Geliebte nennt. Gott spricht zu den tiefsten Schichten unserer Seele, in unseren Selbsthass, die Scham und den Narzissmus hinein und führt uns durch die Nacht hindurch ins helle Licht seiner Wahrheit: »Fürchte dich nicht, denn ich habe dich erlöst; ich habe dich bei deinem Namen gerufen; du bist mein! ... weil du in meinen Augen so wert geachtet und auch herrlich bist und weil ich dich lieb habe ... Denn es sollen wohl Berge weichen und Hügel hinfallen, aber meine Gnade soll nicht von dir weichen, und der Bund meines Friedens soll nicht hinfallen.« (Jesaja 43,1+4; 54,10)

Gott hat uns bei unserem Namen gerufen. Der Gott, neben dessen Schönheit der Grand Canyon nur ein Schatten ist, nennt uns Geliebte. Der Gott, neben dessen Macht die Atombombe nichts ist, hegt zärtliche Gefühle für uns.

Wir sind in ein Geheimnis eingetaucht. Abraham Heschel sprach von dem »radikalen Staunen«. Zitternd und schweigend stehen wir vor dem unauslöschlichen Geheimnis, das alles Geschaffene und alles Denken übersteigt.

Die Offenbarung von Gottes zärtlichen Gefühlen für uns ist kein trockenes Wissen. Zu lange und zu oft auf meiner Lebensreise habe ich Zuflucht in Liturgien und in vom Kopf geprägtem Bibelstudium gesucht. Ich habe Wissen ohne Liebe erhalten, Tatsachen ohne Begeisterung. Als die gelehrten Untersuchungen dann abgeschlossen waren, war ich betroffen von ihrer Bedeutungslosigkeit. Sie schienen überhaupt nicht mehr wichtig.

Aber wenn die Nacht schlimm ist und meine Nerven am Ende sind und ich mich der Unendlichkeit gegenübersehe, wenn dann der allmächtige Gott mir durch seinen Sohn mitteilt, wie tief sein Gefühl für mich ist, wenn seine Liebe meine Seele durchleuchtet und ich vom Geheimnis überwältigt werde, dann ist das der *Kairos* – das entscheidende Einbrechen Gottes in diesem erlösenden Augenblick meiner ganz persönlichen Geschichte. Niemand kann jetzt für mich sprechen. Ich bin allein und muss eine folgenschwere Entscheidung treffen. Zitternd stehe ich in den Lumpen meiner neunundfünfzig Jahre und kann entweder in Skepsis und intellektuelle Einwände ausweichen oder mich mit radikalem Staunen dem Glauben hingeben, dass ich in Wahrheit geliebt bin.

In jedem Augenblick unseres Lebens bietet Gott uns diese gute Nachricht an. Leider pflegen viele auch weiterhin ihre künstliche Identität, so dass die befreiende Wahrheit nicht zu ihnen durchdringen kann. Dann werden wir finster, ängstlich und gesetzlich. Wir verstecken unsere Armut und baden in Schuldgefühlen. Wir keuchen und stöhnen, um Gott zu beeindrucken, wir jagen nach Wichtelpunkten, wälzen uns schlaflos im Bett herum, weil wir nicht wissen, wie wir uns selbst in Ordnung bringen sollen, und leben das Evangelium in so freudloser Art, dass es für Menschen, die nach der Wahrheit suchen, kaum eine Anziehungskraft hat.

Vor fanatischen Jüngern und Heiligen mit Leichenbittermiene bewahre uns, o Herr! Frederick Buechner schreibt: »Kehrt um und glaubt an das Evangelium, sagt Jesus. Dreht euch um und glaubt: Die gute Nachricht, dass wir geliebt sind, ist besser als alles, was wir zu hoffen wagten, und es ist von allen frohen Dingen in dieser Welt das glücklichste, an diese gute Nachricht zu glauben, aus ihr heraus und auf sie hin zu leben, diese gute Nachricht zu lieben. Amen, ja komm, Herr Jesus.«[40]

Ergreife die Gnade: Definiere dich ganz radikal als einen Menschen, der von Gott geliebt wird. Das ist das wahre Ich. Alles andere ist eine Illusion.

4. Abbas Kind

Vertraute Nähe zum Vater

Vor einigen Jahren leitete ich eine Gemeinde-Evangelisation in Clearwater in Florida. Am Morgen nach der letzten Veranstaltung lud mich der Pastor zu sich nach Hause zum Frühstück ein. Auf meinem Teller lag ein Umschlag mit einer kurzen Notiz von einem der Gemeindeglieder. Als ich sie las, kamen mir die Tränen. Es hieß darin: »Lieber Brennan, in meinen ganzen dreiundachtzig Jahren habe ich so etwas noch nie erlebt. Während der Evangelisationswoche hier in St. Cäcilia hast du versprochen, wenn wir jeden Abend kommen würden, dann würde sich unser Leben verändern. Du hattest Recht. Letzte Woche hatte ich noch Angst, wenn ich ans Sterben dachte – heute sehne ich mich regelrecht nach dem Haus meines Vaters.«

Das Besondere im Leben Jesu ist die Nähe zu seinem Vater, das Vertrauen und die Liebe zu seinem »Abba«. Nach der Geburt in Bethlehem wurde Jesus in Nazareth von Maria und Josef im jüdischen Glauben erzogen. Wie jeder fromme Jude betete auch er dreimal am Tag das Sh'ma Israel: »Höre, Israel, der Herr ist unser Gott, der Herr allein« (5. Mose 6,4). Jesus ruhte in dem Absoluten, in der Herrschaft des Einen, Ewigen, dem »Ich bin, der ich bin«.

In seinem irdischen Leben erfuhr Jesus Gott in einer Art, wie es kein Prophet Israels je zu träumen gewagt hätte. Jesus war erfüllt vom Heiligen Geist und hatte für Gott einen Namen, der sowohl die Theologen wie die öffentliche Meinung in Israel in Aufruhr versetzte: *Abba*.

Jüdische Kinder gebrauchen diese vertraute Anrede Abba, »Papa«, wenn sie ihre Väter rufen, und Jesus selbst nannte auch seinen Stiefvater Josef so. Als Bezeichnung für Gott war so etwas jedoch noch nie dagewesen, und zwar nicht nur nicht im Judentum, sondern auch in keiner anderen Weltreligion. Joachim Jeremias schreibt: »Die Gottesanrede Abba ist ohne Parallele in der gesamten jüdischen Literatur. Hier haben wir mit Sicherheit die ipsissima vox Jesu.«[41]

Jesus, der geliebte Sohn, behält seine Erfahrung nicht für sich. Er lädt uns ein und ruft uns auf, in dieselbe nahe und befreiende Beziehung einzutreten. Paulus schreibt: »Denn alle, die sich vom Geist Gottes leiten lassen, sind Söhne Gottes. Denn ihr habt nicht einen Geist empfangen, der euch zu Sklaven macht, so dass ihr euch immer noch fürchten müsstet, sondern ihr habt den Geist empfangen, in dem wir rufen: Abba, Vater! So bezeugt der Geist, dass wir Gottes Kinder sind.« (Römer 8,14-16)

Jesus zieht Menschen in die Nähe seines Vaters. Johannes, der Jünger, »den Jesus lieb hatte«, betont: »Wie viele ihn aber aufnahmen, denen gab er Macht, Gottes Kinder zu werden« (Johannes 1,12). Er hat mit angehört, wie Jesus seine Abschiedsrede mit den Worten begann: »Liebe Kinder« (Johannes 13,33). Begeistert schreibt er: »Seht, welch eine Liebe hat uns der Vater erwiesen, dass wir Gottes Kinder heißen sollen – und wir sind es auch!« (1. Johannes 3,1)

Das größte Geschenk, das ich je von Jesus erhielt, war die Begegnung mit diesem Abba. »Niemand kennt den Sohn als nur der Vater; und niemand kennt den Vater als nur der Sohn und wem er es offenbaren will« (Matthäus 11,27). Meine Würde als Kind des Vaters ist das, was mich im Tiefsten ausmacht. Wenn ich versuche, mir aus den Lobreden anderer ein Selbstbild zusammenzubasteln, und eine innere Stimme flüstert: »Du hast es geschafft. Jetzt spielst auch du eine Rolle im Unternehmen des Königs«, dann ist das nicht wahr. Wenn ich den Mut verliere und die innere Stimme wispert: »Du bist nichts wert, ein Schwindler, ein Heuchler und Dilettant«, dann ist auch das nicht wahr. Wie Gerald May einmal anmerkte: »Es ist wichtig, dieses Selbsteinreden als das zu erkennen, was sie sind – Tricks unseres Verstandes. Mit unserer wahren Würde haben sie nichts zu tun. Was wir selbst von uns denken, hat kaum etwas damit zu tun, wer wir wirklich sind.«[42]

Die zärtliche Liebe Gottes

Während einer Einkehrfreizeit schrieb ich einmal in mein Tagebuch:

Wernersville, Pennsylvania, 2. Januar 1977 – Draußen ist es dunkel und unter Null. Das gibt ziemlich genau wieder, wie es in mir aussieht. Der Eröffnungsabend einer achttägigen Freizeit, und mir ist irgendwie ungemütlich. Ich bin unruhig und habe Angst. Müde bis in die Knochen und allein. Ich bringe nicht zwei Gedanken an Gott zusammen. Habe jeden Versuch zu beten aufgegeben: Es kommt mir alles so gekünstelt vor. Ich quäle mir ein paar Worte an Gott heraus, aber sie klingen hohl und leer. Es macht keine Freude, in seine Gegenwart zu kommen. Ein bedrückendes, wenn auch unbestimmtes Gefühl der Schuld regt sich in mir. Irgendwie habe ich ihn enttäuscht. Vielleicht haben Stolz und Eitelkeit mich blind gemacht; vielleicht bin ich unempfindlich geworden und verhärtet. Bist du von meinem Leben enttäuscht? Bist du traurig über die Seichtheit meiner Seele? Ich weiß es nicht. Ich habe dich aus eigener Schuld verloren, und ich kann nichts dagegen tun ...

So begann meine jährliche Einkehr. Die körperliche Müdigkeit ging bald vorüber, aber die geistliche Dürre blieb. Jeden Morgen stöhnte ich zwei Stunden beim Versuch zu beten, noch einmal zwei am Nachmittag und zwei weitere am Abend. Verwirrt, orientierungslos, als wäre ich mit nur einem Ruder unterwegs. Ich las in der Bibel. Alles Staub. Ich lief auf und ab. Langeweile. Versuchte es mit einer biblischen Auslegung. Nichts.

Am Nachmittag des fünften Tages ging ich um vier Uhr in die Kapelle und setzte mich auf eine harte Kirchenbank, um das »große Starren« zu beginnen – zu meditieren.

Die nächsten dreizehn Stunden war ich hellwach, reglos, aufs Äußerste gespannt. Als ich die Kapelle um zehn nach fünf am nächsten Morgen verließ, ging mir ein einziger Satz durch Kopf und Herz: *Lebe in der Erkenntnis herzlicher Liebe.*

Herzlichkeit erweckt in uns die Gewissheit, dass wir von einem anderen geliebt sind. Schon die pure Gegenwart dieses Einen in einem überfüllten Raum lässt uns erleichtert aufatmen und vermittelt uns ein Gefühl der Sicherheit. Das Wissen, dass jemand da ist, der sich um uns sorgt und uns mag, bannt die Angst. Die Abwehrmechanismen des Hochstaplers – Sarkasmus, Angeberei, Selbstgerechtigkeit, das Bedürfnis, anderen zu imponieren – fallen weg. Wir werden offener, echter, verletzlicher und liebevoller. Wir werden herzlicher.

Vor Jahren erzählte ich einmal die Geschichte von einem Priester aus Detroit mit Namen Edward Farrell, der in den Sommerferien für zwei Wochen nach Irland fuhr. Sein einziger noch lebender Onkel feierte seinen achtzigsten Geburtstag. Am großen Tag standen der Priester und sein Onkel noch vor dem Morgengrauen auf und zogen sich schweigend an. Gemeinsam liefen sie am Ufer des Lake Killarney entlang und blieben dann stehen, um den Sonnenaufgang zu beobachten.

Nebeneinander standen sie da, ohne ein Wort zu sagen, und blickten in die aufgehende Sonne. Dann wandte sich der Onkel unvermittelt ab und begann den Weg entlang zu hüpfen. Er lächelte und strahlte von einem Ohr zum andern.

Sein Neffe sagte: »Onkel Seamus, du siehst richtig glücklich aus.«
»Das bin ich auch, Junge.«
»Sagst du mir auch, warum?«
Der achtzigjährige Onkel erwiderte: »Ja, weißt du, mein Abba ist sehr stolz auf mich.«

Was würden Sie antworten, wenn jemand Sie fragte: »Glaubst du wirklich, dass Gott dich richtig *gern* hat und dich nicht nur liebt, weil er dich aus theologischer Sicht lieben *muss*?« Wenn Sie genauso ehrlich antworten könnten: »Ja, mein Abba ist sehr stolz auf mich«, dann würden Sie ein gelöstes Erbarmen mit sich empfinden, das dem, was Herzlichkeit bedeutet, ziemlich nahe kommt.

»Kann auch eine Frau ihr Kindlein vergessen, eine Mutter ihren leiblichen Sohn? Und selbst wenn sie ihn vergessen würde: ich vergesse dich nicht.« (Jesaja 49,15)

Die Bibel sagt, das Wesen Gottes sei das *Erbarmen* und das Herz Gottes sei seine Zärtlichkeit. Die Geburt Jesu wird einmal so angekündigt: »Durch die barmherzige Liebe unseres Gottes wird uns besuchen das aufstrahlende Licht aus der Höhe, um allen zu leuchten, die in Finsternis sitzen und im Schatten des Todes, und unsre Schritte zu lenken auf den Weg des Friedens« (Lukas 1,78-79). Richard Foster schreibt: »Sein Herz ist sehr sensibel und zart. Keine Tat bleibt unbemerkt, egal wie unbedeutend oder klein sie auch sein mag. Es bedarf nur wenig, um ihn zum Weinen zu bringen. Wie eine stolze Mutter, die sich darüber freut, dass ihr Sohn ihr einen verwelkten Strauß Löwenzahn bringt, so feiert Gott unseren bescheidenen Dank.«[43]

Jesus hat in ganz einzigartiger Weise die Herzlichkeit und das Erbarmen Gottes verstanden. In Ewigkeit vom Vater geboren, ist er des Vaters Kind. Warum liebte Jesus Sünder, Bösewichte und den Pöbel, der nichts vom Gesetz weiß? Weil sein Vater sie liebt. Er tat nichts aus sich selbst heraus, sondern nur das, was sein Vater ihm sagte. Indem er mit diesen Menschen aß, indem er predigte, lehrte und heilte, brachte er zum Ausdruck, wie er die unterschiedslose Liebe des Vaters begriff – eine Liebe, die dafür sorgt, dass seine Sonne über die Bösen genauso scheint wie über die Guten und sein Regen auf die Ehrlichen genauso fällt wie auf die Unehrlichen (Matthäus 5,45).

Mit diesen Taten der Liebe erregte Jesus einen Skandal bei vielen frommen Juden der damaligen Zeit: »Das absolut Unverzeihliche war nicht seine Sorge um die Kranken, die Lahmen, die Leprakranken und die Besessenen ... nicht einmal seine Freundschaft mit den Armen und Gedemütigten. Das echte Problem war, dass er sich mit den *moralischen Versagern* abgab, mit Menschen, die ganz offensichtlich weder religiös noch moralisch waren; mit moralisch und politisch Suspekten, mit so vielen dubiosen, obskuren, abgeschriebenen, hoffnungslosen Typen, die als unauslöschliches Übel am Rand jeder Gesellschaft ihr Dasein fristen. Das war der wirkliche Skandal. Musste er wirklich so weit gehen? ... Was ist das für eine gefährliche, naive Liebe, die ihre Grenzen nicht kennt: die Grenzen zwischen Landsleuten und Fremden, Parteimitgliedern und Nichtmitgliedern, zwischen Nachbarn und Fernstehenden, ehrbaren und unehrenhaften Berufen, zwischen moralischen und unmoralischen, guten und bösen Menschen? Als ob eine klare Trennung nicht gerade hier absolut notwendig wäre. Als ob wir in solchen Fällen nicht richten sollten. Als ob wir unter diesen Umständen immer vergeben könnten.«[44]

Weil der Sonnenschein und der Regen für beide da sind – für jene, die Gott lieben, genauso wie für jene, die ihn ablehnen –, umfasst das Erbarmen des Sohnes auch die, die noch immer in der Sünde leben. Der Pharisäer, der in uns allen schlummert, hält sich von den Sündern fern. Jesus wendet sich ihnen mit freundlicher Güte zu. Er widmet ihnen ihr ganzes Leben hindurch seine Aufmerksamkeit, damit auch sie sich bekehren können, »was immer möglich ist, bis zum letzten Augenblick.«[45]

Als Abbas Kinder vergeben lernen

Der Heilige Geist ist das Band der Liebe zwischen Vater und Sohn. Er trägt das unauslöschliche Zeichen des Erbarmens Gottes. Das

Herz des vom Geist erfüllten Menschen fließt über von Güte und Liebe. »Die Liebe Gottes ist ausgegossen in unsere Herzen durch den heiligen Geist, der uns gegeben ist« (Römer 5,5).

Als Kinder des Vaters ist es unser edelster Wunsch und die anspruchsvollste Aufgabe unseres Lebens, so zu werden wie Christus.

Dazu gehört das Erbarmen. »Jesus offenbart in einem außergewöhnlich menschlichen Leben, was es bedeutet, ein göttliches Leben, ein Leben der Barmherzigkeit zu führen.«[46]

Die Bibel zeigt den engen Zusammenhang zwischen Erbarmen und Vergebung. Nach den Worten Jesu ist die Bereitschaft, auch den Feinden zu vergeben, ein deutliches Kennzeichen für ein Kind des Vaters: »Liebt eure Feinde; tut Gutes ... und ihr werdet Kinder des Allerhöchsten sein; denn er ist gütig gegen die Undankbaren und Bösen« (Lukas 6,35). Im Vaterunser erkennen wir das Hauptmerkmal der Abbakinder an, wenn wir beten: »Vergib uns unsere Schuld, wie auch wir vergeben unseren Schuldigern.« Jesus zeigt uns den Vater als Vorbild für unsere eigene Vergebungsbereitschaft: Abba ist der König in Matthäus 18, der eine fantastische Summe erlässt, eine unbezahlbare Schuld. Er ist der Gott, der grenzenlos vergibt (»sieben Mal siebzig Mal«; Matthäus 18,22).

In einer Welt, die ein Auge für ein Auge fordert – und Schlimmeres –, ruft Gott seine Kinder zu einem entgegengesetzten Lebensstil, einem Leben der Vergebung. Aber wenn Gott lieben das erste Gebot ist, wenn sich in der Nächstenliebe die Liebe zu Gott zeigt und wenn es leicht ist, die zu lieben, die uns lieben – dann muss die Feindesliebe das Zeichen sein, an dem man Abbas Kinder erkennt.

Die Aufforderung, als Kinder zu leben, denen vergeben wurde und die selber vergeben, ist radikal und umfassend. Sie gilt nicht nur der Frau, deren Ehemann den Hochzeitstag vergessen hat, sondern auch den Eltern, deren Kind von einem betrunkenen

Autofahrer umgebracht wurde. Den Opfern von Verleumdungen, den Armen, die in feuchten Verschlägen leben und die Reichen in ihrem Mercedes an sich vorbeirauschen sehen. Den sexuell Missbrauchten und den Eheleuten, die von ihrem Partner betrogen wurden. Den Christen, die mit einem unbiblischen Gottesbild unter Druck gesetzt werden, und der Mutter in El Salvador, der der Leichnam ihrer Tochter entsetzlich zugerichtet ins Haus geschickt wurde. Dem älteren Ehepaar, das sein gesamtes Vermögen verlor, weil ihr Bankier ein Betrüger war. Der Frau, deren alkoholsüchtiger Mann das ganze Erbe durchgebracht hat, und denen, die zum Gegenstand von Spott, Diskriminierung und Vorurteilen werden.

Der Anspruch der Vergebung ist so beängstigend, dass er menschlich gesehen unmöglich erfüllt werden kann. Er übersteigt schlichtweg die Fähigkeiten des menschlichen Willens, der die Gnade nicht kennt. Nur das rückhaltlose Vertrauen auf eine Quelle, die größer ist als wir selbst, kann uns fähig machen, anderen zu vergeben, die uns Wunden zugefügt haben. In Grenzsituationen wie diesen gibt es nur einen Ort, an den wir fliehen können – nach Golgatha.

Bleiben Sie lange genug dort und sehen Sie zu, wie des Vaters eingeborener Sohn völlig allein in blutiger Schande stirbt. Sehen Sie zu, wie er seinen Peinigern im Augenblick der größten Grausamkeit und Unbarmherzigkeit flüsternd Vergebung zusagt. Auf jenem einsamen Hügel vor den Mauern von Jerusalem werden Sie die heilende Kraft des sterbenden Herrn erfahren.

Erfahrungsgemäß bedeutet die innere Heilung des Herzens nur selten eine plötzliche Umwandlung oder eine sofortige Befreiung von Bitterkeit, Ärger, Groll und Hass. Häufiger besteht sie in einem allmählichen Wachstum in das Einssein mit dem Gekreuzigten hinein, der durch sein Blut am Kreuz für uns Frieden gemacht hat. Das mag eine geraume Zeit dauern, weil die Erinnerungen noch so lebendig und der Schmerz so tief sind. Aber es *wird* kommen. Der gekreuzigte Christus ist nicht nur ein Vorbild für die Gemeinde. Weil er als der Auferstandene gegenwärtig ist, ist er eine lebendige Macht, die unser Leben verändert und uns befähigt, unseren Feinden die Hand zur Versöhnung zu reichen.

Verständnis bewirkt Erbarmen und das Erbarmen macht Vergebung möglich. Der Autor Stephen Covey erinnert sich an einen Sonntagmorgen in der New Yorker Untergrundbahn. Die wenigen Passagiere lasen Zeitung oder dösten vor sich hin. Es war eine ruhige, fast einschläfernde Fahrt. Auch Covey war in seine Lektüre vertieft, als am nächsten Halt ein Mann mit mehreren kleinen Kindern einstieg. Es dauerte keine Minute, bis aus dem U-Bahnwagen ein Tollhaus wurde. Die Kinder rannten durch den Gang, schrien, kreischten und wälzten sich miteinander auf dem Boden. Der Vater machte keine Anstalten einzugreifen.

Die älteren Passagiere rutschten nervös hin und her. Covey wartete geduldig. Sicher würde der Vater bald etwas tun, um die Ordnung wiederherzustellen: ein mahnendes Wort, eine strenge Anweisung, ein Zeichen väterlicher Autorität – irgendetwas. Aber es kam nichts.

Die Frustration nahm zu. Schließlich wandte Covey sich an den Vater und sagte freundlich: »Sir, könnten Sie nicht für Ordnung sorgen und Ihren Kindern sagen, dass sie sich hinsetzen sollen?«

»Ich weiß, ich sollte etwas machen«, erwiderte der Mann. »Aber wir kommen gerade aus dem Krankenhaus. Vor einer Stunde ist ihre Mutter gestorben. Ich weiß einfach nicht, was ich tun soll.«[47]

Das herzliche Erbarmen, das zur Vergebung bereitmacht, wächst in uns, wenn wir merken, dass unser Feind weint.

Die am Rand sehen lernen

1944 veröffentlichte das *Life*-Magazin eine Fotoreportage über eine Fuchsjagd in Ohio. Die Füchse lebten in den Wäldern und ernährten sich hauptsächlich von Mäusen und Grillen, manchmal aber auch von Hühnern und Wachteln. Das, so hieß es in dem Bericht, »machte die tapferen Männer in dem Bezirk zornig, denn sie wollten die Wachteln selber töten«. So trafen sich an einem Samstag um die sechshundert Männer und Frauen mit ihren Kindern und bildeten einen großen Kreis von etwa fünf Meilen Durchmesser. Jeder hatte einen Stock und sie begannen, durch die Wälder und Felder zu marschieren. Sie schrien und bellten, um die Füchse, jung und alt, aus ihren Löchern zu scheuchen. Im immer kleiner werdenden Ring rannten die Füchse hin und her, müde und verängstigt. Manchmal wagte es einer in seinem Zorn zurückzuknurren und wurde für seine Frechheit auf der Stelle getötet. Manchmal blieb einer in seiner Verzweiflung stehen und versuchte die Hand seines Peinigers zu lecken. Auch er wurde umgebracht.

Manchmal, so zeigten die Fotos, blieben andere Füchse bei ihren verwundeten und sterbenden Artgenossen stehen. Schließlich, als der Kreis sich immer enger zog und nur noch wenige Meter betrug, schlichen die übrig gebliebenen todwunden Füchse in die Mitte und legten sich dort nieder. Sie wussten nicht, was sie sonst tun sollten. Aber die Männer und Frauen wussten es. Sie schlugen die Tiere mit ihren Keulen, bis sie tot waren, oder zeigten ihren Kindern, was sie zu tun hatten.

Die Geschichte ist wahr. *Life* hat darüber berichtet und Fotos abgedruckt. Vor Jahren spielte sich das in jenem Bezirk an jedem Wochenende ab.

Uns schaudert es angesichts solcher Grausamkeit, doch wir kennen unsere eigene Fuchsjagd ... Fragen wir doch nur einmal die Menschen mit Aids. Viele von ihnen haben sich schon gefragt, ob ihnen etwas anderes übrig bleibt, als in die »Kreismitte« zu gehen und sich dort zum Sterben niederzulegen.

Wo ist unser Platz in diesem Kreis? Wo stehen Sie? Wo würde Jesus stehen?[48]

Aus unserem steinernen Herz kann ein Herz aus Fleisch und Blut werden, wenn wir danach fragen, wo die Ausgestoßenen weinen.

Immer, wenn das Evangelium angeführt wird, um die Würde eines Gotteskindes herabzusetzen, ist es Zeit, von diesem so genannten Evangelium loszukommen, um die echte gute Nachricht zu erfahren. Überall, wo Gott dazu herhalten soll, um Vorurteile, Verachtung und Feindschaft innerhalb des Leibes Christi zu rechtfertigen, ist es Zeit, auf die Worte von Meister Eckhart zu hören: »Ich bete darum, Gott loszuwerden, damit ich Gott finde.« Unsere verengten Vorstellungen von der biblischen Botschaft und von Gott hindern uns daran, beides in vollem Umfang zu erleben.

Ich arbeite beim Regional AIDS Interfaith Network (RAIN) in New Orleans mit. Unser überkonfessionelles Team bietet Menschen mit Aids sowie ihren Familien und Freunden praktische und geistliche Hilfe. Wir haben einen Fahrdienst, machen Besuche, helfen bei leichteren Hausarbeiten, organisieren Zusammenkünfte und anderes. Die Bemerkung eines Mannes traf den Nagel auf den Kopf: »Der beste Freund, den ich in den letzten zwölf Jahren hatte, sagte zu mir: ›Da kann ich nicht mehr mit dir gehen. Das halte ich nicht aus. Ich habe regelrecht Angst.‹ Für ihn war ich nicht mehr einfach Gerald. Ich war nicht mehr sein bester Freund. Ich war der Gerald mit Aids.« Und er fuhr fort: »Ihr Leute hier habt mich nicht einmal gekannt, aber ihr seid immer noch mit mir zusammen. Das finde ich ganz toll.«

»Aber welche Haltung sollte ein Christ gegenüber den Homosexuellen einnehmen?«, wollte ein Evangelikaler neulich von mir wissen.

»In einem seiner Gleichnisse«, entgegnete ich, »befiehlt Jesus uns, den Weizen und das Unkraut zusammen wachsen zu lassen. Paulus meint dasselbe, wenn er im 1. Korintherbrief schreibt: ›Richtet nicht vor der Zeit, bis der Herr kommt.‹ Die Söhne und Töchter des Vaters sind die vorurteilsfreisten Menschen der Welt.

Sie vertragen sich hervorragend mit den Sündern. Denken wir nur an den Abschnitt bei Matthäus, wo Jesus sagt: ›Darum sollt ihr vollkommen sein, wie euer Vater im Himmel vollkommen ist.‹ Bei Lukas heißt derselbe Vers: ›Seid barmherzig, wie auch euer Vater barmherzig ist.‹ Jesus in seinem Dienst der Barmherzigkeit zu folgen, beschreibt genau, was er damit meint, wenn er sagt, wir sollten so vollkommen sein, wie der himmlische Vater vollkommen ist.

Außerdem«, fuhr ich fort, »widerstrebt es mir, Gott von seinem Richterstuhl zu schieben und selbst dort Platz zu nehmen, um über andere zu urteilen, wenn ich weder das Wissen noch die Autorität habe, über irgendjemanden zu richten. Niemand an diesem Tisch hat je das Motiv eines Menschen gesehen. Deshalb können wir nicht ahnen, was einen anderen zu seinem Tun veranlasst. Denkt doch nur an die Worte des Paulus nach seinen Ausführungen über die Homosexualität in Römer 1. Er beginnt Kapitel 2: ›Darum, o Mensch, kannst du dich nicht entschuldigen, wer du auch bist, der du richtest. Denn worin du den andern richtest, verdammst du dich selbst, weil du ebendasselbe tust, wenn du richtest.‹ Das erinnert mich an ein Wort Leo Tolstois: Wenn die sexuellen Phantasien des Durchschnittsmenschen für alle sichtbar wären, die Welt wäre entsetzt.

Die krankhafte Angst vor Homosexualität gehört zu den entwürdigendsten Skandalen unserer Zeit. Es ist beängstigend, in diesem letzten Jahrzehnt des zwanzigsten Jahrhunderts die Intoleranz, den moralischen Absolutheitsanspruch und den unbeugsamen Dogmatismus zu beobachten, der herrscht, wo Menschen meinen, religiös über den anderen zu stehen. Gerade bei denen, die ihr geistliches Leben ernst nehmen, liegt die größte Gefahr. Fromme Leute fallen der krankhaften Angst vor Homosexualität genauso leicht zum Opfer wie andere auch.«

Meine Identität als Kind des Vaters ist nichts Theoretisches und auch kein netter Tanz in die Religiosität. Sie ist die Herzenswahrheit meines Lebens. Wenn ich in einer herzlichen Liebe lebe, wird meine Wahrnehmung der Wirklichkeit, die Art, wie ich auf Menschen und ihre Lebenssituation reagiere, davon zutiefst beeinflusst. Wie ich meine Brüder und Schwestern Tag für Tag behandle, ob sie Europäer, Afrikaner, Asiaten oder Latinos sind, wie ich dem von der Sünde entstellten Freak auf der Straße begegne, wie ich auf Störungen von Leuten reagiere, die ich nicht mag, wie ich mit normalen Menschen in ihrem normalen Unglauben an einem ganz normalen Tag umgehe, das verrät mehr darüber, wer ich in Wahrheit bin, als der Pro-Life-Aufkleber der Lebensrechtsbewegung auf meinem Kotflügel.

Wir sind nicht nur deshalb für das Leben, weil wir dem Tod die Stirn bieten. Wir sind Söhne und Töchter des Allerhöchsten und wachsen in der Liebe in dem Maße, wie wir für die anderen – alle anderen – eintreten, wie uns nichts Menschliches fremd ist, wie wir dem anderen in Liebe unsere Hand entgegenstrecken können, wie es für uns keine »anderen« gibt.

Das ist der lange und mühsame Prozess, Christus in dem, wie ich denke, rede und jeden Tag lebe, ähnlicher zu werden. Henri Nouwen beschreibt das so: »Es ist nötig, dass ich gerade in meinem ganz normalen Alltag zu einem Geliebten werde und, Schritt für Schritt, die Kluft überwinde, die zwischen dem besteht, was ich selbst von mir weiß, und den unzähligen besonderen Bedingungen des Alltags. Zum Geliebten werden heißt, die Wahrheit, die mir von oben offenbart ist, in das Gewöhnliche hineinzuziehen, in das, was ich bin, ja, was ich denke, rede und von Stunde zu Stunde tue.«[49]

Die Gelegenheiten, wo ich in meinem Leben Verrat übe oder untreu bin, sind zu zahlreich, um sie aufzuzählen. Trotzdem halte ich noch immer an der Illusion fest, ich müsste moralisch über jeden Vorwurf erhaben, die anderen Leute müssten ohne Sünde und der eine Mensch, den ich liebe, ohne menschliche Schwächen sein. Aber immer dann, wenn ich es zulasse, dass irgendetwas anderes als Herzlichkeit und Erbarmen meine Antwort auf das Leben diktiert – seien es nun selbstgerechter Zorn, Überheblichkeit, eine Abwehrhaltung, das starke Verlangen, andere zu ändern, beißende Kritik, Frustration über die Blindheit der anderen, ein Gefühl geistlicher Überlegenheit oder der bohrende Drang nach Vergeltung –, bin ich meinem wahren Ich entfremdet. Meine Identität als Kind des Vaters wird doppeldeutig und verschwimmt.

Unser Dasein in der Welt ist ein Dasein der Liebe. Alles andere ist eine Illusion, ein Missverständnis, ist falsch.

Das barmherzige Leben ist weder eine saloppe Nachlässigkeit gegenüber der Welt noch »chronisches Nettsein«. Es verlangt nicht, dass die Witwe sich mit dem Mörder ihres Mannes anfreundet. Es erwartet nicht, dass wir jeden mögen. Es sieht nicht über Sünde und Ungerechtigkeit hinweg. Es nimmt die Wirklichkeit nicht wahllos an – Liebe und Gier, Christentum und Atheismus, Marxismus und Kapitalismus.

Liebe kennt keinen blinden Fanatismus. Stattdessen versucht sie, die Dinge mit durchdringender Klarheit zu sehen. Das Erbarmen Gottes in unseren Herzen öffnet uns die Augen für die Einzigartigkeit und den Wert jedes Menschen. »Der ›andere‹ sind wir selbst und wir müssen ihn in seiner Sünde lieben, so wie wir selbst in unserer Sünde geliebt sind.«[50]

Ich bin in einer rein weißen Nachbarschaft in Brooklyn in New York aufgewachsen, wo Worte wie »Nigger, Jude, Itaker ...« zum normalen Wortschatz unseres christlichen Umfelds gehörten. Besonders verhasst war uns der gebildete, aufbegehrende Schwarze wie etwa ein Malcolm X, der seinen Platz nicht kannte und in, wie ich fand, ungerechtfertigtem Zorn seine Stimme erhob, um die weiße Herrschaft über die schwarze Schönheit, schwarze Not und schwarzes Können in Frage zu stellen. Viele Katholiken irischer Herkunft wie unsere Familie benutzten eine Sprache voller Klischees, amerikanische Kürzel, die heute noch Geltung haben, die Angst und Ignoranz schüren, um Wählerstimmen zu gewinnen, Diskussionen, Dialog und Minderheiten dagegen unterdrücken.

Seit meiner Kindheit sind – neben den guten christlichen Traditionen – Vorurteile, Heuchelei, falsche Annahmen und rassistische Gefühle in mein Gehirn einprogrammiert worden. Sie alle sind Abwehrmechanismen gegen die Liebe.

Die Wunden, die Rassismus und krankhafte Angst vor Homosexualität in meiner Kindheit geschlagen haben, sind durch intellektuelle Aufklärung und geistliche Reife nicht verschwunden. Sie sind noch immer da, sie sitzen so tief in meinem Fleisch wie Blut und Nerven. Ich habe sie mein ganzes Leben mit mir herumgetragen, mehr oder weniger bewusst, aber immer mit äußerster Vorsicht, immer mit dem Gedanken an den Schmerz, den ich empfinden würde, wenn ich irgendwie gezwungen wäre, sie zuzugeben. Aber nun spüre ich in zunehmendem Maße einen entgegengesetzten Drang. Ich möchte so genau und umfassend wie nur möglich wissen, wie die Wunden aussehen und wie sehr ich darunter leide. Und ich möchte gesund werden. Ich möchte selbst von den Wunden frei werden und sie nicht an meine Kinder weitergeben.[51]

Ich habe versucht, diese Vorurteile zu leugnen, zu ignorieren oder zu unterdrücken, weil sie eines Dieners am Evangelium absolut unwürdig sind. Mehr noch, ich meinte, wenn ich sie zugeben würde, würden sie nur noch mehr Macht über mich erhalten. Doch das Gegenteil ist der Fall: Sie bekommen Macht, wenn ich sie leugne und unterdrücke.

Der Hochstapler beginnt zu schrumpfen, wenn er erkannt, zugegeben und angenommen wird. Die Selbstannahme, die wächst, wenn ich mich als Kind des Vaters erkenne, macht mich fähig, kompromisslos ehrlich zuzugeben, wie zerbrochen und wie völlig abhängig ich von der Gnade Gottes bin. »Ganzsein heißt den Zerbruch anerkennen und dadurch geheilt werden.« (Schwester Barbara Fiand)

In der Freiheit Jesu die Macht der Vorurteile überwinden

Krasse Vorurteile gegenüber anders geprägten Menschen gehören zu den ernstesten und ärgerlichsten moralischen Problemen unserer Generation, und sowohl die amerikanische Kirche wie die Gesellschaft scheinen uns auf eine polarisierende Haltung festlegen zu wollen.

Der Alles-ist-erlaubt-Haltung der religiösen und politischen Linken steht ein scheinheiliger Moralismus der Rechten gegenüber. Die unkritische Übernahme irgendeiner ideologischen Linie ist jedoch gleichbedeutend mit dem Verzicht auf meine Identität als Kind des Vaters und damit letztlich Götzendienst. Weder liberale Beschönigungen noch konservativer Rigorismus gehen auf die menschliche Würde ein, die nur allzu oft in Lumpen daherkommt.

Abbas Kinder finden einen dritten Weg. Sie lassen sich von Gottes Wort leiten und von ihm allein. Alle religiösen und politischen Systeme, die rechten wie die linken, sind das Werk von Menschen. Aber die Kinder des Vaters verkaufen ihr Erstgeburtsrecht gegen keine Suppe, ob sie nun von konservativer oder liberaler Seite zusammengerührt worden ist. Sie halten an der Freiheit in Christus fest, dem Evangelium gemäss zu leben – ohne sich von kulturellem Unrat, politischem Treibgut oder den feinen Heucheleien einer einschüchternden religiösen Ideologie infizieren zu lassen. Wer gegen Ausländer hetzt, kann keine moralische Autorität bei den Kindern des Vaters beanspruchen. In Jesu Augen waren es gerade diese finsteren Gestalten, die das wahre Wesen des Glaubens verfälschten. Eine solche Religion, die ausgrenzt und spaltet, ist ein wegloser Ort, weit weg vom Garten Eden. In solchen Gemeinden entfremden sich die Menschen geistlich immer mehr von ihren besten Absichten.

Buechner schreibt: »Wir haben immer gewusst, was mit uns nicht stimmt. Die Bosheit, selbst in den zivilisiertesten Menschen.

Die Heuchelei, die Masken, hinter denen wir unsere wahren Geschäfte treiben. Der Neid, die Art, wie das Glück anderer Leute uns wie ein Wespenstich trifft. Und all die üble Nachrede, mit der wir einander so sehr zur Karikatur machen, dass wir uns dann auch wie Karikaturen behandeln, selbst wenn wir uns eigentlich gern haben. All dieser hässliche, infantile Unsinn. ›Legt es ab‹, sagt Petrus. ›Nehmt zu zu eurem Heil. Werdet erwachsen.‹«[52]

Jesu Gebot, einander zu lieben, wird nie von der Nationalität, dem Status, dem religiösen Hintergrund, der sexuellen Orientierung oder dem liebenswürdigen Wesen des »anderen« eingeschränkt. Der andere, jener Mensch, der einen Anspruch auf meine Liebe hat, ist jeder, der mir über den Weg geführt wird, wie am Gleichnis des barmherzigen Samariters deutlich wird. »Wer von diesen dreien hat sich als der Nächste dessen erwiesen, der von den Räubern überfallen wurde?«, fragte Jesus. Die Antwort lautete: »Der, der barmherzig gehandelt hat an ihm.« Da sagte Jesus zu ihm: »Dann geh und handle genauso.« (Lukas 10,36-37)

Dieses Beharren auf einer völlig unterschiedslosen Nächstenliebe ist ein ganz hervorstechender Zug in Jesu gesamter Verkündigung.

Was ist unterschiedslose Nächstenliebe? »Sieh dir eine Rose an. Kann sie sagen: ›Ich will meinen Duft nur an die guten Leute verströmen und bei den bösen zurückhalten?‹ Oder kannst du dir eine Lampe vorstellen, die ihre Strahlen dem schlechten Menschen vorenthält? Das könnte sie nur, wenn sie aufhören würde, eine Lampe zu sein. Und sieh nur, wie wehrlos und unterschiedslos ein Baum seinen Schatten spendet, den Guten und den Bösen, den Jungen und den Alten, den Hohen und den Niedrigen, Tieren und Menschen und jedem anderen Lebewesen – selbst dem, der ihn fällen will. Das ist das erste Kennzeichen der Nächstenliebe – dass sie keine Unterschiede macht.«[53]

Vor einiger Zeit nahmen Roslyn und ich uns einen Tag frei. Wir wollten das französische Viertel hier in New Orleans unsicher machen. Wir durchstreiften die Gegend um den Jackson Square und probierten Gumbo, schnupperten an den Jambalaya-Töpfen und stoppten schließlich an einer Häagen-Dazs-Eisdiele, um die *Hauptmahlzeit* zu uns zu nehmen – einen kreolischen Praliné-Pekan-Softeisbecher mit Früchten, der uns ein, wenn auch kurzlebiges, Vergnügen verschaffte.

Als wir um die Ecke der Bourbon Street bogen, kam mit strahlendem Lächeln ein Mädchen von etwa Anfang zwanzig auf uns zu, reichte jedem eine Blume und fragte, ob wir zur Unterstützung ihres Missionswerks eine Spende geben wollten. Als ich wissen wollte, um welche Mission es sich handele, erwiderte sie: »Die Vereinigungskirche.«

»Ihr Gründer ist Doktor Sun Myung Moon. Dann nehme ich an, dass Sie eine Moonie sind.«

»Ja«, antwortete sie.

Das bedeutete: Sie war ein Mädchen, das Jesus Christus nicht als Herrn und Erlöser kannte. Und dass sie ein einfaches, ahnungsloses, naives und verletzliches Kind war, das von einem Guru einer Gehirnwäsche unterzogen worden und in den Bannkreis eines Kultes geraten war.

»Weißt du was, Susan?«, sagte ich. »Ich bewundere dich. Du bist so ehrlich und versuchst, deinem Gewissen treu zu sein. Da stehst du hier draußen und machst etwas, woran du wirklich glaubst. Du bist für jeden, der sich Christ nennt, eine echte Herausforderung.«

Roslyn nahm sie in den Arm, und ich legte meine Arme um beide.

»Seid ihr Christen?«, fragte sie.

»Ja«, entgegnete Roslyn.

Sie senkte den Kopf, und wir sahen, wie ihr ein paar Tränen herunterliefen. Eine Minute später sagte sie: »Ich bin jetzt schon acht Tage hier im Viertel im Einsatz. Ihr seid die ersten Christen, die nett zu mir sind. Die anderen haben mich entweder voller Verachtung angesehen oder mich beschimpft.«

Das Reich Gottes kommt, wo wir herzliche Nächstenliebe üben; eine Barmherzigkeit, die keine Grenzen, keine Schubladen und keine sektiererischen Spaltungen kennt. Jesus, das menschliche Antlitz Gottes, lädt uns ein, intensiv über authentische Nachfolge und den radikalen Lebensstil der Kinder des Vaters nachzudenken.

5. Der Pharisäer und das Kind

In seinem Buch *Warum ich kein Christ bin* schrieb der Philosoph Bertrand Russell: »Die Intoleranz, die sich mit dem Aufkommen des Christentums in der Welt ausgebreitet hat, ist eines seiner wesentlichen Merkmale.«

Die Geschichte bestätigt tatsächlich, dass Religion und religiöse Menschen zur Engstirnigkeit neigen. Statt unsere Möglichkeiten zum Leben und zur Freude auszuweiten, werden sie durch eine falsch verstandene Religion häufig eingeschränkt. In dem Maße, wie das theologische Wissen eines Menschen wächst, nimmt oft die Fähigkeit zum Staunen ab. Die Paradoxe, Widersprüche und Unklarheiten des Lebens werden in ein System gebracht – und Gott selbst wird abgeschrieben, in eine Schublade geschoben oder auf die Seiten eines ledergebundenen Buches zurückgedrängt. Die Bibel wird nicht mehr als Liebesgeschichte betrachtet, sondern als ein Handbuch mit präzisen Anweisungen zum Leben.

Solche Vereinfachungen auf eine Reihe von Geboten und Verboten schimmern schon in vielen Begegnungen zwischen Jesus und den Pharisäern durch. Eine dieser Begegnungen ist besonders eindrücklich. Damit wir sie in ihrer vollen Bedeutung begreifen, müssen wir die Einstellung der Juden zum Sabbat kennen.

Der Sabbat

Ursprünglich war der Sabbat vor allem und ganz wesentlich ein Gedenken an die Schöpfung. Im 1. Buch Mose heißt es: »Gott sah alles an, was er gemacht hatte: Es war sehr gut ... Am siebten Tag vollendete Gott das Werk, das er geschaffen hatte, und er ruhte am siebten Tag, nachdem er sein ganzes Werk vollbracht hatte. Und Gott segnete den siebten Tag und erklärte ihn für heilig; denn an ihm ruhte Gott, nachdem er das ganze Werk der Schöpfung vollendet hatte« (1,31; 2,2-3).

Am siebten Tag wird die Vollendung des gesamten Schöpfungswerks gefeiert, er ist dem Herrn heilig. Der Sabbat ist herausgehoben aus den übrigen Tagen, ein Tag für Gott, Gott geweiht. Es ist der jüdische Gedenktag, der dem Einen gewidmet ist, der gesagt hat: »Ich bin der Herr, dein Gott, der dich geschaffen hat.« Der Sabbat ist das feierliche Bekenntnis, dass Gott der Herr ist; er ist ein öffentlicher Akt der Übereignung, an dem die glaubende Gemeinde sichtbar anerkennt, dass sie ihr Leben und Sein einem anderen verdankt. Als Gedenktag an die Schöpfung ist der Sabbat Lob und Dank für Gottes Güte, für alles, was die Juden sind und haben. Die Ruhe von der Arbeit steht erst an zweiter Stelle.

Eine Pause vom Kreisen um Geld, Zerstreuung und von allem geschöpflichen Komfort bedeutet, im Verhältnis zum Schöpfer wieder die richtige Perspektive zu gewinnen. Am Sabbat bedenken die Juden die Ereignisse der vergangenen Woche und setzen sie in einen größeren Zusammenhang, indem sie Gott als den Herrn bekennen, dessen Haushalter sie sind. Der Sabbat ist ein Tag schonungsloser Ehrlichkeit und sorgfältiger Besinnung, ein Tag der Bestandsaufnahme, an dem die Richtung des eigenen Lebens geprüft wird und man sich wieder neu in Gott verankert. Als Gedenken an die Schöpfung kündigt der Sabbat bereits den Sonntag des Neuen Testaments an – das Gedenken an die Neuschöpfung in Jesus Christus.

Zweitens bedeutet der Sabbat auch das Gedenken an den Bund mit Gott. Am Sinai, wo Gott Mose die beiden Gesetzestafeln gab, unterwies er sein Volk und sagte: »Die Israeliten sollen also den Sabbat halten, indem sie ihn von Generation zu Generation als einen ewigen Bund halten. Für alle Zeiten wird er ein Zeichen zwischen mir und den Israeliten sein« (2. Mose 31,16-17). So ist jeder Sabbat auch eine feierliche Erneuerung des Bundesschlusses zwischen Gott und seinem auserwählten Volk. Das Volk erneuert seine Bereitschaft, ihm zu dienen. Jeden Sabbat neu freuen sich die Juden an der Verheißung Gottes: »Jetzt aber, wenn ihr auf meine Stimme hört und meinen Bund haltet, werdet ihr unter allen Völkern mein besonderes Eigentum sein. Mir gehört die ganze Erde, ihr aber sollt mir als ein Reich von Priestern und als ein heiliges Volk gehören.« (2. Mose 19,5-6)

Auch hier ist die Ruhe von der Arbeit nicht das erste Anliegen für die Einhaltung des Sabbats. Sie ist eher eine Ergänzung zum Gottesdienst und in sich eine Art der Anbetung. Der Gottesdienst selbst bleibt das wesentliche Element der Sabbatfeier.

Später spricht der Prophet Jesaja vom Sabbat als einem Tag der »Lust«. Fasten und Trauern sind verboten. Die Menschen sollen weiße Festkleider tragen und fröhliche Musik hören. Die Feierlichkeiten waren nicht auf den Tempel beschränkt. Der Sabbat war und ist noch heute das große Fest der jüdischen Familie. Das geht so weit, dass er als entscheidender Grund für das bemerkenswert stabile Familienleben und die engen Familienbande gilt, welche die religiösen Juden durch die Jahrhunderte ausgezeichnet haben. Alle Mitglieder der Familie müssen anwesend sein, neben geladenen Gästen, vor allem Armen, Fremden oder Reisenden.

Die Sabbatfeierlichkeiten beginnen am Freitagabend bei Sonnenuntergang. Dann zündet die Mutter der Familie die Kerzen an. Anschließend dankt der Vater bei einem Glas Wein, er legt jedem seiner Kinder die Hand auf und segnet es mit einem persönlichen Gebet. Diese und ähnliche quasi-liturgische Handlungen heiligen nicht nur den Sabbat, sondern auch das jüdische Heim und machen es zu einem kleinen Heiligtum, in dem die Eltern Aufgaben der Priester übernehmen und der Familientisch den Altar darstellt.

Nach der Babylonischen Gefangenschaft geht die ursprüngliche Bedeutung des Sabbats mehr und mehr verloren. Unter einer schlechten religiösen Führung kommt es zu einer kaum merklichen Bedeutungsverschiebung. Die Pharisäer führen einen von Vorschriften beherrschten Perfektionismus ein und geben den Gläubigen die Gewissheit, im Gleichschritt auf dem Weg zum Heil unterwegs zu sein. Im Eifer für Gottes Gesetz verfälschen sie, ohne es zu wollen, das Bild Gottes in einen ewigen, kleinkrämerischen Buchhalter, dessen Gunst man nur gewinnen kann, wenn man die Gesetze und Vorschriften gewissenhaft einhält. Die Religion wird zu einem Werkzeug, mit dem man andere einschüchtern und versklaven kann, anstatt sie zu befreien und zu bevollmächtigen. Die jüdischen Gläubigen sollen ihre Aufmerksamkeit auf einen untergeordneten Aspekt des Sabbats richten – die Enthaltung von der Arbeit.

Das fröhliche Feiern der Schöpfung und des Bundes, wie es die Propheten betonten, verschwindet. Der Sabbat wird ein Tag der Gesetzlichkeit. Das Mittel ist zum Zweck geworden. (Darin besteht die Eigenart jeder gesetzlichen Religion – das Wesentliche wird an die zweite Stelle gerückt, Untergeordnetes betont.) In der Folge entsteht eine Fülle von Verboten und Vorschriften, welche den Sabbat zu einer schweren Last machen und zu nervenaufreibender Überängstlichkeit führen – das Sabbatverständnis, gegen das sich Jesus von Nazareth so heftig wendet.

Siebzehn Jahrhunderte später erreicht die haarspalterische Deutung des Sabbats auch die Küsten Nordamerikas. Im Code von Connecticut lesen wir: »Niemand darf am Sabbattag rennen oder in seinem Garten oder anderswo spazieren gehen, außer feierlich zur und von der Versammlung (dem Gottesdienst, B. M.). Niemand soll reisen, Gemüse kochen, Betten machen, das Haus fegen, Haare schneiden oder sich am Sabbat rasieren. Jeder Mann, der am Sabbat seine Frau küsst, und jede Frau, die ihren Mann küsst, soll nach Maßgabe des Gourverneursgerichts bestraft werden.«

Es ist fast schon ein Paradox, dass es gerade unsere vermeintlich anspruchsvolle Moral und Pseudofrömmigkeit ist, die sich zwischen Gott und den Menschen schiebt. Nicht für die Prostituierten und Zöllner ist die Umkehr am schwersten, sondern für die Frommen, die meinen, sie hätten es nicht nötig, Buße zu tun, weil sie am Sabbat keine Vorschriften übertreten haben.

»Pharisäer« investieren massiv in äußerliche religiöse Gesten, Rituale, Methoden und Techniken und bringen angeblich heilige Menschen hervor, die dogmatisch, mechanisch und leblos sind und gegenüber anderen genauso unduldsam wie gegenüber sich selbst – heftige Menschen, das genaue Gegenteil von Heiligkeit und Liebe, »der Typ des religiösen Menschen, der, im Bewusstsein seiner Frömmigkeit, dann hingeht und den Messias kreuzigt«[54]. Jesus starb nicht durch die Hand von Ganoven, Vergewaltigern oder Mördern. Er fiel in die sauberen Hände tief religiöser Menschen, der geachtetsten Glieder der Gesellschaft.

Jesus und die Pharisäer

»Zu jener Zeit ging Jesus an einem Sabbat durch die Kornfelder. Seine Jünger hatten Hunger; sie rissen deshalb Ähren ab und aßen davon. Die Pharisäer sahen es und sagten zu ihm: Sieh her, deine Jünger tun etwas, das am Sabbat verboten ist. Da sagte er zu ihnen: Habt ihr nicht gelesen, was David getan hat, als er und seine Begleiter hungrig waren – wie er in das Haus Gottes ging und wie sie die heiligen Brote aßen, die weder er noch seine Begleiter, sondern nur die Priester essen durften? Oder habt ihr nicht im Gesetz gelesen, dass am Sabbat die Priester im Tempel den Sabbat entweihen, ohne sich schuldig zu machen? Ich sage euch: Hier ist einer, der größer ist als der Tempel. Wenn ihr begriffen hättet, was das heißt: *Barmherzigkeit will ich, nicht Opfer*, dann hättet ihr nicht Unschuldige verurteilt; denn der Menschensohn ist Herr über den Sabbat.« (Matthäus 12,1-8)

Hier steht nicht wenig auf dem Spiel. Die Pharisäer beharren auf der unumstößlichen Gültigkeit des Gesetzes. Die Würde und die Bedürfnisse des Menschen sind zweitrangig. Jesus dagegen beharrt darauf, dass das Gesetz kein Selbstzweck ist, sondern ein Mittel zum Zweck: Gehorsam ist Ausdruck der Liebe zu Gott und zum Nächsten, und darum steht jede Form von Frömmigkeit, die der Liebe im Weg steht, auch Gott selbst im Weg. Und doch sagte Jesus, er sei nicht gekommen, um das Gesetz aufzuheben, sondern um es zu erfüllen. Was er anbot, war nicht ein neues Gesetz, sondern eine neue Haltung zum Gesetz, die auf der Liebe beruhte.

Der pharisäische Geist gedeiht heute bei denen, die ihre religiöse Autorität dazu benutzen, andere zu beherrschen, ihnen endlose Regeln aufzubürden und sie dann in ihrem Kampf allein zu lassen. Das Schild vor einer Kirche mit der Aufschrift: »Homosexuelle nicht willkommen«, ist genauso beleidigend und erniedrigend wie jenes, das man in den vierziger Jahren in einem Laden in den Südstaaten finden konnte: »Für Hunde und Nigger Betreten verboten!«

Die Worte Jesu: »Ich habe Wohlgefallen an Barmherzigkeit und nicht am Opfer« richten sich an die frommen Männer und Frauen aller Zeiten. »Jeder, der in der Geschichte das Gesetz, die Vorschriften, die Tradition über den leidenden Menschen gestellt hat, steht auf demselben Boden wie die Pharisäer und erhebt gegen den Unschuldigen dieselben selbstgefälligen Anklagen.«[55]

Wie viele Menschen sind im Namen einer engstirnigen, unduldsamen Frömmigkeit schon kaputtgemacht worden!

Die »Stärke« des Pharisäers aller Zeiten besteht darin, andere zu tadeln, anzuklagen und einer Schuld zu überführen. Er sieht den Splitter im Auge des anderen, aber nicht den Balken im eigenen. Vom eigenen Ehrgeiz geblendet, kann der Pharisäer seinen Schatten nicht sehen und projiziert ihn deshalb auf andere.

Letzte Woche war ich auf dem Weg zur Beerdigung der Schwester eines Freundes. Auf einer Brücke fuhr ich vorschriftsmäßig mit fünfzig Stundenkilometern. In der Ferne konnte ich bereits ein Schild erkennen, das achtzig zuließ. Ich trat aufs Gas und war bei hundert, als ich plötzlich von der Polizei angehalten wurde. Der Beamte war schwarz. Ich erklärte ihm, ich hätte es eilig und müsste zu einer Beerdigung. Er hörte unbewegt zu, sah sich meinen Führerschein an und verpasste mir eine saftige Geldbuße. In Gedanken beschimpfte ich ihn sofort als rachsüchtigen Rassisten und gab ihm die Schuld an meinem wahrscheinlichen Zuspätkommen. Der Pharisäer, der auch in mir schlummert, hatte sich zu Wort gemeldet.

Immer wenn wir einem anderen die Schuld zuschieben, suchen wir in Wirklichkeit nach einem Sündenbock, der etwas aus dem Weg schaffen soll, worin wir selbst verwickelt sind. Schuldzuweisungen werden zum Ersatz für eine ehrliche Selbstprüfung, die aus Versagen persönlichen Gewinn ziehen und aus Fehlern Selbsterkenntnis gewinnen könnte. Thomas Morus sagt: »Im Prinzip ist es der Versuch, das Bewusstsein eines Irrtums nicht zuzulassen.«[56]

Das pharisäische Judentum umfasste eine relativ kleine Gruppe »Ausgesonderter«, die sich etwa zweihundert Jahre vor Christus dazu verpflichtet hatten, ihr Leben in strikter Befolgung des mosaischen Gesetzes zu führen, um den jüdischen Glauben vor heidnischer Verunreinigung zu bewahren.

In der Zeit der Könige Saul, David und Salomo, als der Geist des Bundes noch im Volk lebendig war, hatten die Menschen sich im Schatten der Liebe Gottes sicher gefühlt. Als das Verständnis der Schriften abnahm, fühlten sich die Juden im Schatten des Gesetzes sicherer. Das Evangelium der Gnade, wie es der Zimmermann aus Nazareth verkündigte, musste da ein Ärgernis sein.

Der Pharisäer verhält sich so, als würde ihn das Befolgen des Gesetzes bei Gott beliebt machen. Die göttliche Annahme ist in seinen Augen abhängig von seinem eigenen Verhalten, also eine Folge, nicht die Voraussetzung. Für Jesus sind die Verhältnisse genau umgekehrt. Von Gott angenommen, geliebt und gemocht zu werden, kommt an erster Stelle und motiviert die Nachfolger zu einem Leben nach dem Gesetz der Liebe: »Lasst uns lieben, denn er hat uns zuerst geliebt« (1. Johannes 4,19).

Nehmen wir einmal an, ein Kind hat von seinen Eltern niemals Liebe erfahren. Eines Tages lernt es ein anderes Kind kennen, das von seinen Eltern mit Zärtlichkeit förmlich überschüttet wird. Das erste Kind sagt sich: »So möchte ich auch geliebt werden. Ich habe das noch nie erlebt, aber ich will versuchen, die Liebe meiner Eltern durch mein gutes Betragen zu verdienen.« Und so putzt es sich die Zähne, macht selbst das Bett, lächelt, versucht nicht zu stottern, schmollt und weint nicht, meldet nie ein Bedürfnis an und verbirgt alle negativen Gefühle, um die Zuneigung der Eltern zu erringen.

Das ist der Weg der Pharisäer. Sie befolgen das Gesetz bis ins Letzte, um sich Gottes Wohlwollen zu versichern. Ihr Gottesbild sperrt sie notwendigerweise in eine Theologie der Werkgerechtigkeit ein. Sie machten eine Religion daraus, dass Tassen und Teller gewaschen werden, dass zweimal in der Woche gefastet und von Minze, Dill und Kümmel der Zehnte gegeben wird.

Was für eine unerträgliche Bürde! Der Kampf, sich einem fernen, perfektionistischen Gott als annehmbar zu präsentieren, ist äußerst ermüdend. Der Paragraphenreiter kann den vermeintlichen Erwartungen Gottes nie genügen, »denn es wird immer ein neues Gesetz geben und mit ihm eine neue Deutung, ein frisches Haar, das von dem eifrigsten Rasierer der Kirche gespalten werden kann«.[57]

Der Pharisäer in uns trägt das fromme Gesicht des Hochstaplers. Ein vages Unbehagen, ob man in der richtigen Beziehung zu Gott lebt, verfolgt sein Gewissen. Der Zwang, zu wissen, woran er mit Gott ist, gibt seinem neurotischen Drang nach Vollkommenheit immer neue Nahrung. Die zwanghafte und endlose moralische Selbstprüfung macht es ihm unmöglich, sich von Gott wirklich angenommen zu fühlen. Seine Auffassung von persönlichem Versagen führt zu einem verhängnisvollen Verlust der Selbstachtung und ruft Angst, Furcht und Depressionen hervor.

Der Pharisäer in mir bemächtigt sich immer dann meines wahren Ichs, wenn ich den äußeren Schein der Wirklichkeit vorziehe, wenn ich vor Gott Angst habe, wenn ich meine Seele von Regeln beherrschen lasse, anstatt es zu wagen, eins mit Jesus zu leben, wenn ich lieber gut aussehen als gut sein will, wenn ich den Schein der Wirklichkeit vorziehe. Das erinnert mich an die Worte von Thomas Merton: »Wenn ich eine Botschaft an meine Zeitgenossen habe, dann sicher die: Sei, was du willst, verrückt, betrunken ..., aber versuche eines um jeden Preis zu vermeiden: den ›Erfolg‹.«[58] Natürlich spricht Merton hier von dem Kult um den Erfolg, von dem Fasziniertsein durch Ehre und Macht, dem unbarmherzigen Drang, das Bild des Hochstaplers in den Augen seiner Bewunderer zu festigen. Umgekehrt gewinnt der Hochstapler auch dann die Oberhand, wenn meine falsche Demut die Freude über eigene Leistungen verdammt und Komplimente und Lob verachtet; wenn ich stolz auf meine Bescheidenheit werde und mich damit von den echten Menschen entferne und isoliere!

Besonders auffallend wird der Pharisäer in mir dann, wenn ich eine Haltung der moralischen Überlegenheit über Rassisten, Scheinheilige und Leute, die Homosexuelle verachten, einnehme. Ich nicke zustimmend, wenn der Prediger Ungläubige, Liberale, New Ager und andere »von draußen« herunterputzt. Wenn er Hollywood, Fernsehwerbung, aufreizende Kleidung und Rock 'n' Roll verdammt.

Meine Regale aber sind voll von Bibelkommentaren und theologischen Büchern. Ich gehe regelmäßig in die Kirche und bete jeden Tag. Ich habe ein Kruzifix an der Wand hängen und ein Kreuz um den Hals. Mein Leben wird von meinem Glauben geformt und gänzlich durchdrungen. Ich esse am Freitag kein

Fleisch. Ich unterstütze christliche Organisationen. Ich bin ein Evangelist, der Gott und seiner Kirche dienen will.

»Weh euch, ihr Schriftgelehrten und Pharisäer, ihr Heuchler! Ihr gebt den Zehnten von Minze, Dill und Kümmel und lasst das Wichtigste im Gesetz außer Acht: Gerechtigkeit, Barmherzigkeit und Treue! ... Blinde Führer seid ihr: Ihr siebt Mücken aus und verschluckt Kamele! ... Weh euch, ihr Schriftgelehrten und Pharisäer, ihr Heuchler! Ihr seid wie die Gräber, die außen weiß angestrichen sind und schön aussehen; innen aber sind sie voll Knochen, Schmutz und Verwesung. So erscheint auch ihr von außen den Menschen gerecht, innen aber seid ihr voll Heuchelei und Ungehorsam gegen Gottes Gesetz.« (Matthäus 23,23-24+27-28).

Im Gleichnis vom Pharisäer und dem Zöllner steht der Pharisäer im Tempel und betet: »Gott, ich danke dir, dass ich nicht wie die anderen Menschen bin, die Räuber, Betrüger, Ehebrecher oder auch wie dieser Zöllner dort. Ich faste zweimal in der Woche und gebe dem Tempel den zehnten Teil meines Einkommens.« (Lukas 18,11-12)

Sein Gebet verrät die zwei typischen Fehler des Pharisäers: Erstens ist er sich seiner Frömmigkeit und Heiligkeit sehr bewusst. Wenn er betet, dann dankt er nur für das, was er hat, aber er bittet nicht um das, was er nicht hat oder ist. Sein Fehler ist der Glaube an seine Fehlerlosigkeit. Er bewundert sich selbst. Der zweite Fehler hängt mit dem ersten zusammen: Er verachtet die anderen. Er richtet und verurteilt andere, weil er überzeugt ist, dass er über ihnen steht. Er ist ein selbstgerechter Mensch, der andere ungerechtfertigt verurteilt.

Der Pharisäer, der sich selbst so toll findet, wird verurteilt. Der Zöllner, der sich selbst kritisiert, wird freigesprochen. Den Pharisäer in sich selbst zu leugnen ist aber tödlich. Es ist dringend notwendig, dass wir uns seiner annehmen, mit ihm reden, ihn fragen, warum er seinen Frieden und sein Glück bei Quellen sucht, die nicht in das himmlische Reich gehören.

Bei einer Gebetsversammlung, die ich einmal besuchte, begann ein Mann Mitte sechzig mit diesen Worten: »Ich möchte dir, Gott, einfach danken, dass ich heute nichts zu bereuen habe.« Seine Frau stöhnte. Was er meinte, war, dass er nichts unterschlagen, nicht gelästert, Ehebruch begangen oder irgendein anderes der zehn Gebote übertreten hatte. Er hatte sich von Götzendienst, Trunksucht, sexuellen Vergehen und ähnlichen Dingen fern gehalten – und doch war er nicht dahin gelangt, was Paulus die innere Freiheit der Gotteskinder nennt.

Das Kind

Im krassen Gegensatz zur pharisäerhaften Auffassung von Gott und Religion spiegelt sich die biblische Auffassung vom Evangelium der Gnade im Vertrauen eines Kindes – eines Kindes, das nie etwas anderes als Liebe erlebt hat und versucht, sein Bestes zu geben, weil es sich geliebt weiß. Wenn es einen Fehler macht, dann weiß es, dass es damit nicht die Liebe seiner Eltern verspielt. Der Gedanke, die Eltern könnten aufhören, es zu lieben, weil es vielleicht sein Zimmer nicht aufgeräumt hat, kommt ihm nie in den Sinn. Sie mögen vielleicht sein Verhalten missbilligen, aber ihre Liebe hängt nicht vom guten Benehmen des Kindes ab.

Für den »Pharisäer« liegt die Betonung immer auf dem persönlichen Bemühen und der Leistung. Das Evangelium der Gnade aber betont, dass Gottes Liebe allem unserem Bemühen vorausgeht. Der »Pharisäer« genießt ein untadeliges Verhalten, das Kind freut sich an der hartnäckigen Liebe Gottes.

Auf die Frage einer Schwester, was sie damit meine, »ein kleines Kind vor dem guten Gott zu bleiben«, erwiderte Thérèse von Lisieux: »Es bedeutet, die eigene Nichtigkeit zu erkennen und alles von dem guten Gott zu erwarten, so wie ein kleines Kind alles von seinem Vater erwartet; es bedeutet, vor nichts Angst zu haben, nicht selbst sein Glück zu suchen ... Klein sein heißt auch, die Tugenden, die man übt, nicht sich selbst zuzuschreiben, als würde man sich selbst für fähig halten, irgendetwas zu schaffen, sondern zu erkennen, dass der gute Gott seinen Schatz in die Hände seines kleinen Kindes gelegt hat, damit es ihn gebraucht, wenn es ihn nötig hat; aber es ist immer der Schatz Gottes. Schließlich bedeutet es, sich nie von den eigenen Fehlern entmutigen zu lassen, weil Kinder oft fallen, aber sie sind zu klein, um sich großen Schaden anzutun.«[59]

Eltern lieben ihr Kind, bevor es in der Welt etwas auf die Beine stellen kann. Eine Mutter zeigt der Nachbarin, die zu Besuch kommt, ihr Kind nie mit den Worten: »Das ist meine Tochter. Sie wird einmal eine Rechtsanwältin.« Was das in emotionaler Sicherheit aufgewachsene Kind später in seinem Leben einmal leistet, kommt nicht aus einem Kampf um Lob und Anerkennung, sondern entspringt dem Gefühl, geliebt zu sein.

Wenn der »Pharisäer« das fromme Gesicht des Hochstaplers ist, dann ist das Kind das fromme Gesicht des wahren Ich. Das Kind steht für mein echtes Wesen, der Pharisäer für das unechte. Hier finden wir eine überzeugende Verbindung von Psychologie und Frömmigkeit. Der Psychologie geht es darum, die Neurosen des Menschen aufzudecken, ihn von seiner Unechtheit und Pseudo-Kultiviertheit abzubringen und zu einer kindlichen Offenheit gegenüber der Wirklichkeit zu führen. Jesus lädt uns ein: »Wenn ihr nicht wie die Kinder werdet ...« (Matthäus 18,3).

Das innere Kind weiß um seine Gefühle und scheut sich nicht, sie zu zeigen, während der Pharisäer an seinen Gefühlen feilt; seine Reaktionen in alltäglichen Situationen sind klischeehaft.

Als Jacqueline Kennedy das erste Mal den Vatikan besuchte, befragte Papst Johannes XXIII. seinen Außensekretär, Guiseppe Kardinal Montini, wie die Frau des Präsidenten der Vereinigten Staaten angemessen zu begrüßen sei. Montini entgegnete: »Es wäre korrekt, sie mit ›Madam‹ oder ›Mrs Kennedy‹ anzureden.« Der Sekretär zog sich zurück, und wenige Minuten später stand die First Lady auf der Schwelle. Die Augen des Papstes leuchteten auf. Er ging auf sie zu, nahm sie in die Arme und rief: »Jacqueline!« Er konnte seinem spontanen Gefühl folgen und es ausdrücken.

Das Kind kann seine Gefühle spontan äußern, der Pharisäer sucht sie sorgfältig zu unterdrücken. Die Frage ist nicht, ob ich intro- oder extrovertiert bin. Es geht darum, ob ich meine echten Gefühle *zeige* oder *unterdrücke*. John Powell sagte einmal voller Trauer, auf den Grabstein seiner Eltern hätte er eigentlich schreiben müssen: »Hier liegen zwei Menschen, die sich nie gekannt haben.« Sein Vater konnte nie Gefühle zeigen, und so lernte seine Mutter ihn nie richtig kennen. Sich einem anderen Menschen öffnen, über die eigene Einsamkeit und die Ängste nicht mehr lügen, seine Gefühle ehrlich äußern und anderen Menschen zeigen, wie viel sie mir bedeuten – diese Offenheit ist der Sieg des Kindes über den Pharisäer und ein Zeichen für das machtvolle Wirken des Heiligen Geistes: »Wo der Geist des Herrn wirkt, da ist Freiheit« (2. Korinther 3,17).

Die Gefühle zu ignorieren, zu unterdrücken oder gering zu schätzen heißt, nicht auf das Wirken des Geistes in unserem Gefühlsleben zu achten.[60] Jesus hörte hin. Im Johannesevangelium wird uns berichtet, dass er von tiefen Gefühlen bewegt wurde.[61] In Matthäus sehen wir, wie sein Zorn sich Bahn bricht: »Ihr Heuchler! Der Prophet Jesaja hatte Recht, als er über euch sagte: *Dieses Volk ehrt mich mit den Lippen, sein Herz aber ist weit weg von mir. Es ist sinnlos, wie sie mich verehren, was sie lehren, sind Satzungen von Menschen.*«[62] Er rief die Menge zur Fürbitte auf, denn es »jammerte ihn; denn sie waren verschmachtet und zerstreut wie die Schafe, die keinen Hirten haben«.[63] Als er die Witwe von Nain sah, »hatte er Mitleid mit ihr und sagte zu ihr: Weine nicht!«[64]

Trauer und Enttäuschung brachen sich ganz spontan Bahn: »Als er näher kam und die Stadt sah, weinte er über sie und sagte: Wenn doch auch du an diesem Tag erkannt hättest, was dir Frieden bringt.«[65] Er gab alle Zurückhaltung auf, als er donnerte: »Ihr habt den Teufel zum Vater, und ihr wollt das tun, wonach es euren Vater verlangt.«[66] Wir hören seinen Unwillen, wenn er im Haus des Simon in Bethanien sagt: »Lasst sie in Frieden. Was betrübt ihr sie?«[67] Aus den Worten: »Wie lange muss ich euch noch ertragen?«[68] klingt bittere Enttäuschung, aus: »Weg mit dir, Satan, geh mir aus den Augen! Du willst mich zu Fall bringen«[69] unverhüllte Wut und aus: »Es hat mich jemand berührt; denn ich habe gespürt, dass eine Kraft von mir ausgegangen ist«[70] eine ungewöhnliche Empfindsamkeit. Heller Zorn schlägt uns aus den Worten entgegen: »Schafft das hier weg, macht das Haus meines Vaters nicht zu einer Markthalle!«[71]

Wir haben so viel Asche über den historischen Jesus gestreut, dass wir das Feuer seiner Gegenwart kaum mehr spüren. Wir haben schon lange vergessen, dass ein Mensch so sein kann wie er: wahrhaftig, direkt, emotional, nicht manipulierend, einfühlsam, Anteil nehmend. Sein inneres Kind war so unbefangen, dass er es nicht für unmännlich hielt, zu weinen. Er ging direkt auf die Menschen zu und weigerte sich, auf Kosten der Ehrlichkeit irgendwelche Kompromisse einzugehen.

Das Bild, das die Bibel von dem geliebten Kind des Vaters zeichnet, ist das eines Mannes, der in vollkommener Übereinstimmung mit seinen Gefühlen lebt und sich in keiner Weise scheut, sie zu zeigen. Der Menschensohn hat Gefühle nicht als wankelmütig oder unzuverlässig abgelehnt. Sie waren empfindsame Antennen, auf die er sorgfältig achtete und die ihm halfen, den Willen seines Vaters zu erkennen, der will, dass Reden und Handeln übereinstimmen.

Der Pharisäer tarnt seine Gefühle

Ein Pharisäer muss jederzeit sein frommes Gesicht aufhaben. Sein unersättlicher Hunger nach Aufmerksamkeit und Bewunderung zwingt ihn dazu, ein erbauliches Bild zur Schau zu stellen und Fehler und Versagen sorgfältig zu vermeiden. Unzensierte Gefühle könnten die größten Probleme nach sich ziehen.

Und doch sind Gefühle die direkteste Reaktion darauf, wie wir uns selbst und die Welt um uns herum wahrnehmen. Ob positiv oder negativ, die Gefühle zeigen unser wahres Ich. Dabei sind sie weder gut noch schlecht: Sie sind einfach die Wahrheit über das, was in uns vorgeht. Was wir mit unseren Gefühlen anfangen, bestimmt darüber, ob unser Leben ehrlich ist oder voller Täuschungen. Wenn wir sie einem am Glauben orientierten Verstand unterstellen, dann dienen sie als verlässliche Leitsterne für ein angemessenes Handeln oder Nichthandeln. Wenn wir sie leugnen, verdrängen oder unterdrücken, hindern wir uns selbst daran, uns nahe zu kommen.

Der Pharisäer in mir hat sich einen Weg ersonnen, mein Menschsein zu leugnen und meine Gefühle zu tarnen, und zwar durch ein arglistiges Manöver, das er »Vergeistlichen« nennt. Der raffinierte Tanz meines Verstandes schirmt mich von meinen Gefühlen ab, vor allem von jenen, die ich fürchte: Zorn, Angst und Schuld. Ich distanziere mich mit dem einen Fuß von negativen Empfindungen und Erkenntnissen und hüpfe mit dem anderen in verschnörkelte Entschuldigungen.

Im vergangenen Sommer hätte ich am liebsten einmal zu einem besonders scheinheiligen Menschen gesagt: »Wenn du dich nicht sofort abregst, dann erwürge ich dich und hänge dich als Schmuck an meinen Weihnachtsbaum.« Stattdessen redete ich mir ein: »Gott hat diesen unerleuchteten Bruder in dein Leben geschickt. Sein unangenehmes Verhalten hat bestimmt mit einer frühkindlichen Verletzung zu tun. Du solltest ihn trotz allem lieben.« (Wer könnte dagegen etwas sagen?) Die Wahrheit ist, dass ich vor meinen Gefühlen davonlief, sie mit frommem Gewäsch verbrämte, wie ein körperloser Geist reagierte und mein wahres Ich verleugnete.

Wenn ein Freund sagt: »Ich kann dich wirklich nicht mehr leiden. Du hörst mir nie zu, und ich habe immer das Gefühl, du stündest über mir«, dann bin ich nicht traurig. Ich wende mich schnell von der Verletzung, der Traurigkeit und Ablehnung, die ich empfinde, ab und komme zu dem Schluss: »So will Gott mich prüfen.« Wenn das Geld knapp ist und Angst sich breit macht, dann rufe ich mir ins Gedächtnis: »Jesus hat gesagt, ich solle nicht für das Morgen sorgen. Dieser kleine Rückschlag ist also nur eine seiner Methoden, um herauszufinden, wes' Geistes Kind ich bin.«

Wenn wir unser Ich verbergen und unsere wahren Gefühle leugnen, erkennen wir auch nicht, wo unsere Grenzen sind. Unsere Empfindungen erstarren bis zur Gefühllosigkeit. Unsere Kontakte mit anderen Menschen oder Situationen sind gehemmt, förmlich und künstlich. Dieses »Vergeistlichen« trägt tausend Masken, von denen jedoch keine zu rechtfertigen oder gesund ist – Verkleidungen, die unser inneres Kind ersticken.

Den Blick des Kindes wiederfinden

Als Roslyn noch ein kleines Mädchen war und in einem kleinen Ort im Bundesstaat Louisiana wohnte, hatte sie samstags morgens eine kleine Spielkameradin namens Bertha Bee, die Tochter der schwarzen Haushälterin Ollie. Zusammen spielten sie auf dem Gartenweg mit ihren Puppen, backten am Seeufer ihre Schlammkuchen, aßen Plätzchen, erzählten sich ihre Erlebnisse und dachten sich Sachen für die Zukunft aus.

Doch eines Samstagmorgens kam Bertha Bee nicht. Und sie kam nie wieder. Roslyn wusste, dass sie nicht krank war, denn das hätte Ollie ihr gesagt. So fragte die neunjährige Roslyn ihren Vater, warum Bertha Bee nicht mehr zum Spielen käme. Seine Antwort hat sie nie vergessen: »Das schickt sich jetzt nicht mehr.«

Ein Kind hat seine eigenen Gedanken, und es sieht die Welt nicht in Schubladen: schwarz und weiß, Katholiken und Protestanten, Asiaten und Latinos, Kapitalisten und Sozialisten. Schubladen vermitteln Schablonen. Dieser Mensch ist reich, jener lebt von der Wohlfahrt. Dieser Mann ist gescheit, jener ist dämlich. Eine Frau ist schön, eine andere schlampig.

Aus Eindrücken werden Bilder, die zu fixen Ideen werden, welche wiederum Vorurteile schaffen. Anthony DeMello hat einmal gesagt: »Wenn du ein Vorurteil hast, dann siehst du einen Menschen mit diesem Vorurteil. Mit anderen Worten, du siehst ihn nicht mehr als Mensch.«[72] Der Pharisäer in uns verbringt die meiste Zeit damit, auf Schubladen zu reagieren, auf seine eigenen und auf die anderer Leute.

»In jener Stunde kamen die Jünger zu Jesus und fragten: Wer ist im Himmelreich der Größte? Da rief er ein Kind herbei, stellte es in ihre Mitte und sagte: Amen, das sage ich euch: Wenn ihr nicht umkehrt und wie die Kinder werdet, könnt ihr nicht in das Himmelreich kommen. Wer so klein sein kann wie dieses Kind, der ist im Himmelreich der Größte.« (Matthäus 18,1-4)

Die Jünger wetteifern darum, wer von ihnen der Erste ist. Jeder von ihnen will wichtig und bedeutend sein. »Jedes Mal, wenn dieser Ehrgeiz bei ihnen hochkommt, stellt Jesus ein Kind in ihre Mitte oder redet von einem Kind.«[73]

Die krasse Antwort Jesu in Matthäus 18 ist nicht immer geschätzt worden. Er sagt, es gebe keine »Ersten« im Himmelreich. Wer der Erste werden wolle, der solle jedermanns Diener werden. Jesus lässt nur wenig Raum für den Ehrgeiz und kaum mehr Spielraum für die Ausübung von Macht. »Diener und Kinder haben keine Macht.«[74]

Die Machtspielchen der Pharisäer aber, ob plump oder raffiniert, sind darauf aus, Menschen und Situationen zu dominieren und damit das eigene Prestige, den Einfluss und die Reputation zu stärken. Sie finden unzählige Möglichkeiten für Manipulation und Kontrolle. Das Leben ist dabei eine Abfolge von raffinierten Zügen und Gegenzügen. Der Pharisäer in uns hat ein sensibles Radarsystem entwickelt, das die Schwingungen aller Menschen oder Situationen auffängt, die seine Machtposition auch nur im Geringsten bedrohen könnten.

Einer meiner Freunde meint, auf diese Weise wollten wir den Machtmangel kompensieren, den wir als Kinder und Jugendliche erlebt haben. Das kann zu einer Überbeschäftigung mit Statussymbolen führen, ob sie nun in materiellem Besitz bestehen oder im Umgang mit Menschen, die wirtschaftlich oder politisch wichtig sind. Es kann den Menschen dazu bringen, Geld anzusammeln, weil er meint, damit Macht zu gewinnen, oder Wissen als ein Mittel, um als »interessant« zu gelten. Der Pharisäer weiß, dass Wissen auch im religiösen Bereich Macht sein kann. Bevor ein definitives Urteil gefällt werden kann, muss der Fachmann befragt werden. Dieses Spiel, den anderen zu übertrumpfen, verhindert den Austausch von Ideen und führt zu einem Geist der Rivalität und des Wettbewerbs, ganz im Widerspruch zur Haltung des Kindes, das sich seiner selbst nicht bewusst ist. Anthony DeMello erklärt: »Der erste Wesenszug, der einem auffällt, wenn man einem Kind in die Augen schaut, ist seine Unschuld: die reizende Unfähigkeit, zu lügen oder eine Maske zu tragen oder irgendetwas vorzuspielen.«[75]

Machtwille ist raffiniert. Er kann unbemerkt und darum auch unwidersprochen bleiben. Der Pharisäer, der Macht erringt, Anhänger um sich sammelt, Wissen anhäuft, Status und Prestige erringt und seine gesamte Umwelt im Griff hat, bekommt Angst, wenn ein Untertan seinen Stock schwingt; er wird zynisch, wenn das Feedback negativ ist, paranoid, wenn er bedroht wird, besorgt, wenn er Angst hat, gereizt, wenn man ihn herausfordert, und verwirrt, wenn er eine Niederlage erleidet. Der Hochstapler, der sich in diesen Machtspielen verfängt, führt ein hohles Leben mit beachtlichem Erfolg nach außen, während er im Innern verzweifelt, lieblos und von Angst beherrscht ist. Er versucht Gott zu beherrschen, anstatt ihn über sich herrschen zu lassen.[76]

Das wahre Ich ist in der Lage, seine kindliche Unschuld zu bewahren, indem es sich seines wahren Wesens bewusst bleibt.

In diesem Zeitalter der immensen Verkopfung, der großen Leistungen und der erschöpften Empfindungen ist die Wiederentdeckung der Kindheit ein wunderbares Konzept und sie »kann nur von unverdorbenen Kindern, nicht kanonisierten Heiligen, gewöhnlichen Weisen und unbeschäftigten Clowns erfahren werden«[77].

Solange wir unser Kind nicht wiederfinden, wird uns ein inneres Gefühl für unser Ich fehlen, und wir meinen allmählich, wir seien wirklich so wie unser Hochstapler. Psychologen wie geistliche Autoren betonen, wie wichtig es ist, das innere Kind so gut wie möglich kennen zu lernen und es als einen liebenswerten und wertvollen Teil von sich selbst anzunehmen. Die positiven Qualitäten eines Kindes – Offenheit, vertrauensvolle Abhängigkeit, Ausgelassenheit, Einfachheit, Empfindsamkeit – bewahren uns davor, uns vor neuen Ideen, zweckfreien Engagements, den Überraschungen des Geistes und riskanten Wachstumsmöglichkeiten zu verschließen. Das Kind, das sich seiner selbst nicht bewusst ist, schützt uns vor krankhafter Nabelschau und geistlichem Perfektionismus.

Dennoch ist es nicht damit getan, zu unserem inneren Kind umzukehren. Da entdecken wir nicht nur Unschuld, sondern auch das »Kind im Schatten«[78]. Das Schattenkind ist undiszipliniert und gefährlich, narzisstisch und eigenwillig, boshaft und fähig, einem kleinen Hund oder einem anderen Kind wehzutun. Wir nennen diese wenig anziehenden Züge »kindisch« und leugnen sie oder verdrängen sie aus unserem Bewusstsein.

Als ich die Schattenseite meiner Kindheit untersuchte, musste ich erkennen, dass sie zu einem großen Teil von Angst geprägt war. Ich hatte Angst vor meinen Eltern, der Kirche, der Dunkelheit und vor mir selbst. In ihrem Roman *Fast ein Heiliger* erzählt Anne Tyler von ihrem Stiefvater Ian Bedloe: »Nur Ian schien zu wissen, wie diese Kinder sich fühlten: wie beängstigend jede wache Minute für sie war. Ach, überhaupt ein Kind zu sein war beängstigend! Fand sich das nicht in den Alpträumen der Erwachsenen wieder – dem Alptraum, zu rennen, aber nirgendwohin zu kommen, dem Alptraum der Prüfung, für die man nicht gelernt hat, oder des Stückes, für das man nicht geprobt hat? Machtlosigkeit, Ausgesetztsein. Gemurmel über deinen Kopf hinweg, über etwas, das jeder weiß, außer dir selbst.«[79]

Unser inneres Kind ist kein Selbstzweck, sondern eine Tür zu den Tiefen der Gemeinschaft mit dem Gott, der in uns wohnt, ein Hineinsinken in die Fülle dessen, was wir mit unserem Abba erleben können, in das Bewusstsein, dass dieses innere Kind ein Kind des Vaters ist und von ihm festgehalten wird, im Licht wie auch im Schatten.

Frederick Buechner schreibt dazu: »Vielleicht sind wir gerade dann Kinder, wenn wir erkennen, dass Gott uns als Kinder liebt – nicht, weil wir seine Liebe verdient haben, und nicht, obwohl wir unwürdig sind; nicht, weil wir es versuchen, und nicht, weil wir die Nutzlosigkeit unserer Versuche einsehen; sondern einfach, weil er uns lieben will. Wir sind Kinder, weil er unser Vater ist; und all unser Bemühen, ob erfolgreich oder fruchtlos, Gutes zu tun, die Wahrheit zu sagen und zu verstehen, ist das Bemühen von Kindern, die trotz aller Altklugheit doch immer noch in dem Sinne Kinder sind, dass er uns geliebt hat, noch ehe wir ihn lieben konnten, durch Jesus Christus, unseren Herrn.«[80]

6. Der Auferstandene und Gegenwärtige

Jesus steht neben uns

G. K. Chesterton stand einmal in London an einer Straßenecke, als ein Zeitungsreporter auf ihn zukam. »Sir«, begann er, »ich habe erfahren, dass Sie kürzlich Christ geworden sind. Darf ich Ihnen eine Frage stellen?«
»Gewiss«, erwiderte Chesterton.
»Wenn der auferstandene Christus in diesem Augenblick plötzlich erscheinen würde und hinter Ihnen stünde, was würden Sie dann tun?«
Chesterton blickte dem Reporter in die Augen und entgegnete: »Aber er steht doch da!«
Ist das lediglich ein Sprachspiel, Wunschdenken oder ein Stück frommer Rhetorik? Nein, diese Wahrheit ist das Realste, was sich über unser Leben sagen lässt, sie ist unser Leben. *Der Jesus, der in Judäa und Galiläa unterwegs war, steht heute neben uns.*
Dass die Theologie sich mit der Auferstehung beschäftigt, hat nicht nur apologetische Gründe – die Auferstehung ist nicht nur die Bestätigung *par excellence* für die Wahrheit des christlichen Glaubens. Glaube bedeutet auch, die Botschaft des Evangeliums als *dynamis*, als eine Kraft, zu begreifen, die uns in das Ebenbild Gottes umformen will. Das Evangelium prägt die Hörer neu – durch den Sieg Jesu über den Tod. Es verkündet eine verborgene Macht in dieser Welt – die lebendige Gegenwart des auferstandenen Christus. Es befreit Frauen und Männer aus der Sklaverei, die das Bild Gottes in ihnen verdunkelt.
Woher bekommt die Botschaft Jesu ihre Macht? Was unterscheidet sie vom Koran, den Lehren eines Buddha, der Weisheit eines Konfuzius? *Der auferstandene Christus.* Wenn Jesus nicht auf-

erstanden ist, dann können wir die Bergpredigt zum Beispiel als ein großartiges Stück Ethik rühmen. Doch wenn er auferstanden ist, dann kommt es auf unser Lob nicht an. Dann wird die Bergpredigt zu einem Bild für unser eigenes Schicksal. Die verwandelnde Kraft des Wortes lebt in dem auferstandenen Herrn, der zu diesem Wort steht und ihm dadurch seine letztgültige und immer aktuelle Bedeutung gibt.

Noch einmal: Die dynamische Kraft des Evangeliums kommt aus der Auferstehung. Die Schreiber des Neuen Testaments haben das ständig wiederholt: »Christus möchte ich erkennen und die Kraft seiner Auferstehung« (Philipper 3,10).

Gott hat Jesus auferweckt. Das ist das apostolische Zeugnis, das Herz jeder Predigt der Apostel. Die Bibel zeigt nur eine Alternative auf: Entweder wir glauben an Jesus von Nazareth und an seine Auferstehung, oder wir glauben nicht an seine Auferstehung – und damit auch nicht an Jesus. Wenn wir im Glauben annehmen, dass Jesus der ist, der zu sein er behauptet, dann erfahren wir den auferstandenen Christus.

Für mich besteht die radikalste Herausforderung des christlichen Glaubens darin, den Mut aufzubringen und *Ja dazu zu sagen, dass der auferstandene Jesus Christus auch jetzt gegenwärtig ist.* Ich bin seit über achtunddreißig Jahren Christ, und ich habe miterlebt, wie der erste Schwung sich im langen, unspektakulären Alltag allmählich abnutzt. Ich lebe lange genug, um zu wissen, dass der Glaube öfter im Tal als auf den Höhen gelebt wird, dass er nie frei von Zweifeln ist und dass wir Gott, auch wenn er sich in der Schöpfung und der Geschichte offenbart hat, mit Gewissheit nur als den völlig Unbekannten kennen können. Kein Gedanke kann ihn erfassen, kein Wort ihn beschreiben; er ist größer als alles, was wir mit dem Verstand begreifen oder uns vorstellen können.

Mein *Ja* zur Fülle der Gottheit, wie sie im gegenwärtigen, auferstandenen Jesus Gestalt angenommen hat, ist ein ängstliches Ja, weil es so persönlich ist. In Traurigkeit und Verlassenheit, beim Tod meines Vaters im vergangenen Jahr, in Einsamkeit und Angst, im Bewusstsein des Pharisäers in mir und der Show des Hochstaplers ist *Ja* ein kühnes Wort, das nicht leichtfertig ausgesprochen werden kann.

Dieses *Ja* ist ein Akt des Glaubens, eine entschiedene, rückhaltlose Antwort auf den auferstandenen Jesus, der gegenwärtig und neben mir, vor mir, um mich und in mir ist. Es ist ein Ruf des Vertrauens, dass Jesus mir Sicherheit schenkt, nicht nur angesichts des Todes, sondern auch angesichts noch schlimmerer Drohungen, die meine eigene Bosheit ausdenkt; ein Wort, das nicht nur einmal gesagt, sondern in den ständig wechselnden Umständen des Lebens immer wieder wiederholt werden muss.

Die Gewissheit, dass der auferstandene Christus nah ist, vertreibt die Sinnlosigkeit – das schreckliche Gefühl, die Ereignisse unseres Lebens stünden in keinem wirklichen Zusammenhang und seien letztlich sinnlos; sie hilft uns, unser Leben als ein Ganzes zu sehen, und offenbart uns darin ein Muster, das wir früher nie wahrgenommen haben.

Für Gottes Zeichen offen werden

Wenn die Auferstehung Jesu nicht mehr als nur ein lange vergangenes historisches Ereignis ist, »wird ihr die Auswirkung auf die Gegenwart genommen«.[81] Dann ist die Auferstehung einfach ein isoliertes Ereignis, das lange zurückliegt. Wenn andererseits die zentrale Rettungstat des christlichen Glaubens allein Bedeutung für die Zeit nach dem Tod haben soll, als ein Pfand für unsere eigene Auferstehung, dann wird der Auferstandene aus der Gegenwart verdrängt.

Wo die Auferstehung in die Vergangenheit oder die Zukunft verbannt wird, da wird die Gegenwart des auferstandenen

Christus bedeutungslos. Sie hat keinen Bezug mehr zu unserem Alltag und hindert uns an der Gemeinschaft mit Jesus.

Wenn wir die Worte des auferstandenen Christus ernst nehmen: »Siehe, ich bin bei euch alle Tage, bis an der Welt Ende« (Matthäus 28,20), dann sollten wir damit rechnen, dass er in unserem Leben tatsächlich gegenwärtig ist. *Wenn unser Glaube lebendig ist und Strahlkraft hat, werden wir wach sein für die Augenblicke, Ereignisse und Gelegenheiten, in denen die Macht der Auferstehung in unserem Leben zum Tragen kommt.* Wenn wir nur um uns selbst kreisen und nicht aufpassen, dann merken wir nicht, auf wie viele verborgene Weisen Jesus unsere Aufmerksamkeit gewinnen will. »Wir müssen es regelrecht lernen, auf die Ereignisse in unserem Leben Acht zu haben, damit wir die Hand Gottes oder das, was Peter Berger das *Murmeln der Engel* nennt, von allen anderen Einflüssen unterscheiden können« (Hervorh. B. M.).[82] Ich will dazu ein konkretes Beispiel erzählen.

Spät an einem Samstagabend kam ich von einem Dienst zurück. Die Botschaft auf meinem Anrufbeantworter war kurz und eindeutig: »Frances Brennan liegt im Sterben und möchte dich noch einmal sehen.«

Am nächsten Tag flog ich nach Chicago, nahm ein Taxi nach San Pierre in Indiana und kam gegen neun am Abend im Pflegeheim an. Ich stieg in den vierten Stock hinauf und fragte die Nachtschwester, ob Frau Brennan noch in ihrem alten Zimmer sei. »Ja«, erwiderte sie, »Zimmer 422, den Gang geradeaus.«

Die einundneunzigjährige Frau, die in den vergangenen vierzig Jahren eine zweite Mutter für mich gewesen war und deren Familiennamen ich angenommen hatte, als ich 1960 meinen Vornamen änderte, lag in ihrem Bett, eine Schwester an ihrer Seite, und betete leise. »Sie hat auf Sie gewartet«, sagte die Schwester.

Ich beugte mich über das Bett, küsste sie auf die Stirn und sagte: »Mom, ich liebe dich.« Sie streckte die rechte Hand aus und zeigte auf ihre Lippen. Nach ein paar Sekunden Unsicherheit meinte ich zu spüren, was sie wollte. Mit der wenigen Kraft, die in ihrem abgemagerten Körper geblieben war, spitzte sie die Lippen, und wir küssten uns dreimal. Dann lächelte sie. Ein paar Stunden später starb sie.

Mit schwerem Herzen fuhr ich nach Chicago, um mit ein paar Freunden alles Nötige für die Beerdigung zu regeln. Ich beschloss, in einem Motel in der Cicero Avenue abzusteigen, weil es recht nahe beim Bestattungsunternehmen lag. Nachdem ich mich an der Rezeption eingetragen hatte, nahm ich den Lift in den vierten Stock, ging den Gang entlang, sah auf den Schlüssel und steckte ihn ins Schloss. Zimmer 422.

Verblüfft stellte ich meine Tasche auf den Boden und sank in einen Sessel. Das Motel hatte 161 Zimmer. Bloßer Zufall? Dann stiegen aus meinem Innern wie eine Glocke, die in der Seele klingt, die Worte auf: »Was sucht ihr den Lebenden bei den Toten?« Draußen zog eine Wolke vorüber und dann fiel die Sonne durchs Fenster. »Du lebst, Ma!« Ein breites Grinsen ging über mein Gesicht. »Herzlichen Glückwunsch, du bist zu Hause!«

Vielleicht ist die Grenze zwischen diesem Leben und dem nächsten viel durchlässiger, als manche meinen. »Es gibt Zeichen. Man findet sie im Gewöhnlichen und im Außergewöhnlichen. Man kann sie in Frage stellen oder widerlegen, aber ihre Wirkung auf die, die sie annehmen, kann nur begrüßt werden. Sie bestätigen unsere tiefste, wenn auch vergänglichste Hoffnung: Unsere Liebe zueinander, die sagt: ›Du sollst nicht sterben‹, ist nicht grundlos.«[83]

Mein innerer Skeptiker flüstert: »Brennan, pass auf, dass dir die Butter nicht vom Brot fällt.« Doch der Glaube an die Auferstehung hört das Murmeln der Engel, und meine Augen sehen eine von der Sonne gemalte Botschaft des Auferstandenen, der mich, wie Augustinus sagte, besser kennt als ich mich selbst.

Frederick Buechner schildert ein Erlebnis, das ein Flüstern aus den Kulissen sein könnte oder auch nicht. Er überlässt dem Leser die Entscheidung. »Es ereignete sich, als ich zu ungewöhnlicher Stunde in der Bar eines Flughafens saß. Ich war dorthin gegangen, weil ich das Fliegen hasse und es mir mit einem Drink leichter fällt, an Bord zu gehen. Außer mir war niemand da, und es standen furchtbar viele leere Barhocker vor der langen Theke. Ich setzte mich auf einen, vor dem, wie bei allen anderen, eine kleine Karte mit dem Drink des Tages lag. Auf der Karte lag ein Gegenstand – und es stellte sich heraus, dass es sich um eine Krawattennadel handelte. Auf der Nadel waren die Buchstaben C.F.B. eingraviert, meine Initialen, und ich war verblüfft. Ein B allein wäre schon interessant gewesen, F.B. war faszinierend, und C.F.B., noch dazu in der richtigen Reihenfolge – ich denke, die Chance, dass es sich dabei um einen Zufall handeln könnte, ist astronomisch gering. Für mich bedeutete es Folgendes, das heißt ich wollte Folgendes glauben: Ich war am richtigen Platz, auf dem richtigen Weg, mit dem richtigen Auftrag. – Wie absurd, eine Kleinigkeit. Macht man es sich mit diesem Denken nicht zu leicht?«[84]

Als ich vor einigen Jahren die keltischen Chroniken las, war ich besonders beeindruckt von der klaren Sicht des Glaubens der irischen Kirche im Mittelalter. Die Chroniken berichten von den seefahrenden Mönchen auf dem Atlantik, die die Engel Gottes sahen und ihre Lieder hörten, wenn sie zwischen den westlichen Inseln umherfuhren. Für den wissenschaftlich geschulten Menschen waren es nur Möwen und Papageientaucher, Kormorane und Küstenseeschwalben. »Aber die Mönche lebten in einer Welt, in der alles ein an sie persönlich gerichtetes Wort Gottes war, und in der die Liebe Gottes für jeden erkennbar wurde, der auch nur den geringsten Hauch von Fantasie hatte.« Die Freundlichkeit Gottes zeigte sich für sie in zufälligen Zeichen, nächtlichen Mitteilungen und dem normalen Geschehen unseres prosaischen Lebens.[85]

Wenn der Vater Jesu über jedem Sperling wacht, der vom Dach, und jedem Haar, das von unserem Kopf fällt, dann ist es vielleicht nicht unter der Würde seines auferstandenen Sohns, sich mit Zimmerschlüsseln und Krawattennadeln zu befassen.

In der Gegenwart des Auferstandenen die Nacht aushalten

Der Heilige Geist ist das Ostergeschenk Jesu an die Jünger: »Am Abend dieses ersten Tages der Woche ... kam Jesus, trat in ihre Mitte und sagte zu ihnen: Friede sei mit euch! Nachdem er das gesagt hatte, hauchte er sie an und sprach zu ihnen: Empfangt den Heiligen Geist! Wem ihr die Sünden vergebt, dem sind sie vergeben; wem ihr die Vergebung verweigert, dem ist sie verweigert.« (Johannes 20,19+22-23)

Das Christentum ist nicht nur eine Botschaft, sondern eine Glaubenserfahrung, die Hoffnung, Befreiung von Bindungen und ein ganz neues Spektrum von Möglichkeiten schenkt. Wie Roger Garaudy, der berühmte kommunistische Philosoph, einmal über den Mann aus Nazareth sagte: »Ich weiß nicht viel von diesem Mann, aber ich weiß, dass sein ganzes Leben diese eine Botschaft ausstrahlt: ›Jeder Mensch kann jederzeit eine neue Zukunft beginnen.‹«[86]

Der Glaube an den auferstandenen und gegenwärtigen Jesus hat Konsequenzen, die unsere tägliche Routine verändern werden.

Wenn ich mich nicht auf meine eigenen, begrenzten Reserven verlassen muss, sondern auf die grenzenlose Kraft des auferstandenen Christus berufen kann, dann kann ich nicht nur den Hochstapler und den Pharisäer aus der Fassung bringen, sondern auch meinem bevorstehenden Tod ins Auge sehen. »Denn Christus muss herrschen, bis Gott ihm alle Feinde unter seine Füße legt. Der letzte Feind, der vernichtet wird, ist der Tod.« (1. Korinther 15,25-26)

Unsere Hoffnung ist unauflösbar verbunden mit dem konkreten Wissen um die Gegenwart des Auferstandenen. Wir dürfen Tag für Tag mit ihm rechnen. Eines Morgens überfiel mich beim Schreiben plötzlich ohne ersichtlichen Grund eine erdrückende Schwermut. Ich hörte auf zu schreiben und las die ersten Kapitel des Manuskripts durch. Dabei wurde ich so mutlos, dass ich überlegte, ob ich das Projekt nicht besser ganz aufgeben sollte. Ich verließ das Haus, um die Bremsbeläge meines Autos erneuern zu lassen. Die Werkstatt war geschlossen. Ich beschloss, dass ich Bewegung brauchte. Nachdem ich etwa zwei Meilen auf dem Damm am Mississippi entlang gejoggt war, setzte ein Gewitter ein und peitschte Regen in Strömen über mich. Der heftige Wind blies mich fast in den Fluss. Ich setzte mich ins hohe Gras und hatte ganz vage das Gefühl, eine durchbohrte Hand zu umfassen.

Als ich ins Büro zurückkam, war mir kalt und ich war völlig durchnässt. Das Telefon läutete, doch das Gespräch mit Roslyn führte nur zu Streit. Meine Gefühle liefen Amok – Enttäuschung, Zorn, Groll, Angst, Selbstmitleid. Ich sagte immer wieder vor mich hin: »Ich bin nicht, was ich fühle.« Aber es half nichts. Ich versuchte es mit: »Auch das wird vorbeigehen.« Es nutzte nichts.

Um sechs Uhr abends ließ ich mich, körperlich und seelisch am Ende, in einen Sessel sinken und begann das Jesus-Gebet zu sprechen: »Herr Jesus Christus, erbarme dich über mich Sünder«, und suchte seinen Geist, der lebendig macht. Langsam, aber spürbar begann ich seine heilige Nähe zu fühlen. Ich war noch immer allein, aber es war nicht mehr so schlimm; die Traurigkeit hielt an, aber ich sah Licht. Zorn und Groll verschwanden.

Ein schwerer Tag, ja. Chaotisch und zusammenhanglos – ja. Nicht zu bewältigen – nein.

Wie äußert sich der Geist des auferstandenen Herrn, der lebendig macht, an einem solchen Tag? In unserer Bereitschaft, fest zu stehen, in der Weigerung, davonzurennen und uns in selbstzerstörerisches Verhalten zu flüchten. Die Kraft der Auferstehung macht uns fähig, uns den ungezähmten Gefühlen zu stellen, den Schmerz zu akzeptieren, ihn anzunehmen und mit ihm zu leben, egal, wie brennend er ist. Und dabei entdecken wir, dass wir nicht allein sind, dass wir im Bewusstsein des Auferstandenen und Gegenwärtigen fest stehen können, und unser Glaube in die Tiefe und Weite wächst. Wir erkennen, dass wir mehr sind, als wir gerade noch meinten. Wir ertragen unsere Grenzen nicht nur, sondern wir weiten sie aus.

»Dieses Geheimnis ist Christus in euch, die Hoffnung der Herrlichkeit« (Kolosser 1,27). Die Hoffnung weiß, dass große Dinge ungetan bleiben, wenn wir großen Anfechtungen aus dem Weg gehen, und das Wachstum damit gehindert wird. Pessimismus und Miesmacherei sind niemals die Frucht des Geistes, der lebendig macht, sondern zeigen eher, dass wir uns der Gegenwart des Auferstandenen nicht bewusst sind.

Ein einziger Telefonanruf kann den ruhigen Rhythmus unseres Lebens abrupt durcheinander bringen. »Ihre Frau hatte auf der Ringstraße einen schweren Unfall. Sie liegt auf der Intensivstation. Ihr Zustand ist kritisch.« Oder: »Es tut mir Leid, dass ich Ihnen schlechte Nachrichten bringen muss, aber Ihr Sohn wurde festgenommen, weil er mit Koks gedealt hat.« Oder: »Ihre dreijährige Tochter hat mit meiner am Rand des Schwimmbeckens gespielt. Ich habe sie nur eine Minute allein gelassen, und Ihre Tochter ...«

Wenn Tragödien über uns hereinbrechen und wir taub sind für alles außer dem Schrei unserer eigenen Angst, wenn unser Mut zum Fenster hinausfliegt und die Welt ein feindseliger und bedrohlicher Ort scheint, dann ist das die Stunde unseres eigenen Gethsemane. Kein Wort, egal wie ernst es gemeint ist, kann uns trösten oder beruhigen. Die Nacht ist schlimm. Unser Verstand ist wie betäubt, das Herz leer, die Nerven flattern. Wie sollen wir die Nacht überstehen? Und der Gott unserer einsamen Reise schweigt.

Aber gerade in diesen schwersten Anfechtungen unseres Lebens kann es dann geschehen, dass wir, über jede rationale Erklärung hinaus, zu spüren meinen, wie eine durchbohrte Hand nach der unseren fasst. Wir schaffen es irgendwie, durch die Nacht zu kommen, und die Finsternis macht dem Licht des Morgens Platz. Die Tragödie ändert die Ausrichtung unseres Lebens, aber in unserer Verletzlichkeit und Wehrlosigkeit erfahren wir die Kraft Jesu, des Auferstandenen, der auch jetzt gegenwärtig ist.

In der Gegenwart des Auferstandenen den Sinn finden

Viele Menschen betrachten ihr Leben als eine Folge zusammenhangloser Episoden. Wir erkennen in den äußeren Ereignissen und Erfahrungen kein Muster. *Das Leben erscheint so konfus wie die Nachrichten in der Morgenzeitung*, die uns vom Kurssturz an der Börse, von Überschwemmungen, einem missglückten Terroranschlag, der neusten Krebstherapie, der Garderobe von Miss Universum und so fort berichten. Die Überfütterung mit Informationen, Ereignissen, Gefühlen und Erfahrungen lähmt uns und macht uns passiv. Wir geben uns damit zufrieden, das Leben als eine Serie unkoordinierter Ereignisse zu begreifen. Besucher schauen bei uns herein, Gefühle und Gedanken kommen und gehen, Geburts- und Jahrestage werden eingehalten, Krankheit und Verlust treffen uns ohne Ankündigung, und nichts scheint etwas mit dem anderen zu tun zu haben.

Manche Menschen leben sogar in einer regelrechten Traumwelt. So die Mutter von Ian Bedloe in Anne Taylors Roman Fast *ein Heiliger*. Mit aufgesetztem Dauerlächeln rennt sie wie Lancelots Pferd ständig in alle vier Richtungen gleichzeitig. Doch nach dem plötzlichen Tod ihres ältesten Sohns hat sie einen ganz klaren Moment. Auf der Heimfahrt von der Kirche sagt sie an einem Sonntagmorgen zu ihrem Mann:

»Unser Leben ist so behelfsmäßig und zweitrangig geworden, so zweiter Platz und zweite Geige, und alles ist verloren gegangen. Ist es nicht merkwürdig, dass wir einfach so weitermachen? Dass wir weiter Kleider kaufen und Hunger bekommen und über die Witze im Fernsehen lachen? Obwohl unser ältester Sohn tot und nicht mehr da ist und wir ihn nie wiedersehen werden und unser Leben zerstört ist!«

»Aber Liebling«, sagte er.

»Wir hatten so ungewöhnlichen Kummer«, sagte sie, »aber irgendwie sind wir dadurch gewöhnlich geworden. Das ist es, was so schwer zu verstehen ist. Wir sind keine besondere Familie mehr.«

»Aber Liebling, natürlich sind wir etwas Besonderes«, sagte er.

»Wir sind unsicher geworden. Wir sind zu Pessimisten geworden.«

»Bee, Liebling.«

»Ist das nicht erstaunlich?«[87]

Nach diesem Dialog reißt Bee sich zusammen und gewinnt ihr altes, unbeschwertes Wesen zurück.

In den Zeiten, die Shakespeare die »Blüte des Blutes« nannte, schien das Leben intensiver, die Ereignisse hatten mehr Bedeutung und der verrückte Flickenteppich der einzelnen Tage schien sich zu einem größeren Bild zusammenzufügen. Heute sind wir weniger gefühlsmäßig berührt, wir sind »nüchterner«, wie wir uns selbst gern sagen. Wir sind stolz darauf, dass wir in der harten Schule des Lebens gelernt haben, unsere Verluste abzuschreiben, und wir betrachten die Vergangenheit früherer Jahrhunderte mit einem milden Bedauern. Wie einfach war damals alles, wie leicht ließen sich die Rätsel des Lebens lösen! Jetzt sind wir klüger und reifer, wir sehen die Dinge endlich so, wie sie wirklich sind.

Ohne die Offenheit für die Gegenwart des auferstandenen Jesus ist das Leben tatsächlich Unsinn, ist alles Tun nutzlos, sind alle Beziehungen umsonst. Ohne den auferstandenen Christus leben wir in einer Welt ohne Sinn, einer Welt wechselnder Erscheinungen, einer Welt des Todes, der Gefahren und der Finsternis, einer Welt unerklärlicher Nutzlosigkeit. Nichts hat einen Zusammenhang. Nichts ist es wert, getan zu werden, denn nichts ist von Dauer. Was wir hören, ist nur ein Echo, das der Wind verweht. Keine Liebe kann die Gefühle, die sie hervorruft, überdauern. Alles ist nur Klang und Getöse ohne wirkliche Bedeutung.[88]

Dieses dunkle Rätsel des Lebens wird in Christus erhellt. Den Sinn, den Zweck und das Ziel von allem, was uns widerfährt, können wir nur von dem lernen, der selbst der Weg, die Wahrheit und das Leben ist.

Im Bewusstsein des auferstandenen Jesus zu leben ist keine triviale Sache für Gelangweilte oder Einsame und keine Beruhigungspille, die uns hilft, mit den Anforderungen und den Sorgen des Lebens zurechtzukommen. Es ist der Schlüssel, der uns die Tür öffnet, damit wir den Sinn unseres Lebens erkennen können. Jeden einzelnen Tag werden wir in das Ebenbild Christi umgestaltet. Alles, was uns widerfährt, dient diesem Zweck. Nichts, was ist, kann über den Bereich seiner Gegenwart hinaus existieren (»Es ist alles durch ihn und zu ihm geschaffen«, Kolosser 1,16), nichts ist für ihn unwichtig, nichts ist darin ohne Bedeutung.

Alles, was ist, wird in dem auferstandenen Christus lebendig – der, wie Chesterton uns in Erinnerung ruft, hinter uns steht. Alles – ob groß oder klein, wichtig oder unwichtig, entfernt oder nah – hat seinen Platz, seinen Sinn, seinen Wert. In der Gemeinschaft mit ihm (Augustinus sagte, er kenne uns besser als wir uns selbst) ist nichts vergeudet, nichts fehlt. Nie gibt es einen Augenblick, der keine ewige Bedeutung hätte – keine Tat ist steril, keiner Liebe mangelt es an Erfüllung, kein Gebet bleibt ungehört. »Wir wissen aber, dass denen, die Gott lieben, *alle* Dinge zum Besten dienen« (Römer 8,28; Hervorh. B. M.).

Die Enttäuschung über die Umstände – seien es Krankheit, Missverständnisse, ja unsere eigenen Sünden – können die letzte

Erfüllung unseres Lebens, das mit Christus in Gott verborgen ist, nicht verhindern.

Das Bewusstsein, dass der Auferstandene gegenwärtig ist, beeinflusst außerdem das Zusammenspiel von Intuition und Wille, Gefühl und Verstand. Weil wir uns weniger mit Äußerlichkeiten abgeben müssen, neigen wir auch weniger dazu, uns immer neu anzupassen, sobald Gesellschaft oder Umstände sich ändern, um nur ja anerkannt zu werden. Wir sind nicht zu Hause so und im Büro ein anderer, in der Kirche der und im Verkehr ein anderer. Wir treiben nicht richtungslos von einer Episode zur anderen und suchen nach Ablenkungen, um die Zeit totzuschlagen. Wir bleiben nicht stoisch unbewegt gegenüber jedem neuen Gefühl und ertragen nicht einfach mit einem Achselzucken, wenn uns etwas ärgert oder irritiert. Die Umstände dienen uns, nicht wir ihnen, wir gebrauchen sie, nicht sie uns. Allmählich werden wir zu ganzen und reifen Persönlichkeiten, deren Fähigkeiten und Kräfte miteinander in Einklang sind.

Den Auferstandenen anschauen

Als Jesus sagte, wer ihn sehe, der sehe den Vater, waren seine Hörer schockiert (Johannes 14,9). Uns sind diese Worte schon so vertraut, dass sie für uns ihre provozierende Wirkung verloren haben. Und doch haben sie die Macht, alle unsere Projektionen und falschen Vorstellungen von Gott einzureißen. Jesus bestätigte, dass wir in ihm die Haltung und die Gefühle des Vaters zu den Menschen sehen können. Gott ist niemand anders als der, den wir in Jesus sehen. Jesus sei das menschliche Gesicht Gottes, hat Karl Rahner gesagt.

Das zentrale Wunder des Evangeliums ist nicht die Auferweckung des Lazarus oder die Speisung der Fünftausend oder all die Heilungsgeschichten zusammengenommen. Das Wunder des

Evangeliums ist Jesus, der Auferstandene und Verherrlichte, der uns auch in diesem Augenblick nachgeht, an unseren Fersen klebt, in uns lebt und sich uns selbst als Wegbegleiter anbietet! Gott, »verrückt vor Liebe« und »trunken vor Liebe«, wie Katharina von Siena sagte, ist in Jesus Gestalt geworden.[89]

Wer den Auferstandenen ansieht, wird von seinem Licht geprägt. Paulus schreibt: »Wir alle aber schauen mit aufgedecktem Angesicht die Herrlichkeit des Herrn an und werden so verwandelt in dasselbe Bild von Herrlichkeit zu Herrlichkeit, wie es vom Herrn, dem Geist geschieht« (2. Korinther 3,18). Wenn Christen Jesus betrachten, werden sie ihm ähnlicher.

Paulus rühmte sich kühn damit, dass er Christi Sinn habe (1. Korinther 2,16). Seine Behauptung wurde durch sein Leben bestätigt. Vom Augenblick seiner Bekehrung an klebte sein Augenmerk am auferstandenen Christus. Jesus selbst war die bewegende Kraft, die vor seinen Augen unablässig am Werk war. Paulus konnte seine Stimme erkennen. Jesus stärkte ihn in Zeiten der Schwäche und erleuchtete und tröstete ihn. Paulus schreibt einmal, dass er Visionen und Offenbarungen des Herrn gehabt habe.[90]

Im betrachtenden Gebet können wir die unverhüllte Herrlichkeit Gottes im auferstandenen und verherrlichten Christus suchen. »Kontemplatives Gebet bedeutet vor allem anderen, die Person Jesu anzuschauen.«[91] Das einfache Gebet meint, dass wir nicht irgendwo hingelangen müssen, denn wir sind schon da. Uns wird ganz einfach klar, dass wir das, was wir suchen, schon besitzen. Kontemplation, verstanden als Schauen auf Jesus in der Liebe, führt uns nicht nur in seine Nähe, sondern auch zu einer Umgestaltung unserer Person.

In Nathaniel Hawthornes Kurzgeschichte *The Face on the Mountain* (Das Gesicht auf dem Berg) starrt ein kleiner Junge ständig ein in den Granit gehauenes Gesicht an und fragt die Touristen in der Stadt regelmäßig, ob sie wüssten, wen das Gesicht auf dem Berg darstelle. Niemand weiß es. In seiner Jugend, in der Mitte des Lebens und noch im Alter schaut er bei jeder Gelegenheit das Gesicht an, bis eines Tages ein durchreisender Tourist beim Anblick des kleinen Jungen, aus dem nun ein wettergegerbter alter Mann geworden ist, ausruft: »Sie sind das Gesicht auf dem Berg!« Den auferstandenen Jesus anzuschauen formt uns um, so dass wir ihm ähnlich werden, und macht uns zu dem Menschen, der wir nach Gottes Willen sein sollen.

Für andere ein Diener sein

Die Gegenwart des Auferstandenen bewegt uns dazu, anderen zu dienen.
»Als er das Volk sah, jammerte es ihn; denn sie waren verschmachtet und zerstreut wie die Schafe, die keinen Hirten haben« (Matthäus 9,36). Dieses Wort, aus dem eine tiefe Liebe spricht, lässt uns einen bemerkenswerten Blick in die menschliche Seele Jesu tun. Es beschreibt, was Jesus für die Menschen empfand. Es offenbart, wie er die Welt sah, und zeigt seine vorurteilslose Haltung gegenüber den Menschen, die am falschen Ort nach Liebe und auf falschen Wegen nach dem Glück suchten. Es offenbart uns, dass das Herz Jesu genauso schlägt – gestern, heute und für immer.

Jedesmal, wenn die Evangelien davon sprechen, dass Jesus von tiefen Gefühlen für Menschen ergriffen war, zeigen sie auch, dass er dann etwas tat – dass er Menschen körperlich oder seelisch heilte, von Dämonen befreite, eine hungrige Menge speiste oder für Menschen betete. Vor allem kämpfte er leidenschaftlich darum, die verzerrten Bilder von Gott zu vertreiben und die Menschen aus der Finsternis ins Licht zu führen. Er erfüllt damit die messianische Prophezeiung aus Jesaja: »Er wird seine Herde weiden wie ein Hirte. Er wird die Lämmer in seinen Arm sammeln und im Bausch seines Gewandes tragen und die Mutterschafe führen.« (Jesaja 40,11)

Das Mitleid bewegte Jesus dazu, den Menschen von der Liebe Gottes zu erzählen. In Mußestunden versuche ich mir manchmal vorzustellen, wie mein Leben aussehen würde, wenn mir niemand die Erlösungsgeschichte erzählt und sich die Zeit genommen hätte, mich mit Jesus bekannt zu machen. Wenn ich noch nicht an meiner Alkoholsucht gestorben wäre, dann würde sich sicher der Hochstapler austoben. Wie es das Blaue Buch der Anonymen Alkoholiker beschreibt: »Der Eigenwille tobt sich aus.«

Im Roman *Inside, Outside* (Innen – außen) von Herman Wouk bin ich auf eine bewegende Geschichte gestoßen. Sein Held hat im Alter von dreizehn Jahren gerade die Bar Mizwa gefeiert und ist dadurch *B'nai B'rith* geworden, ein Sohn des Bundes. Er erzählt:

»Am Morgen nach meiner Bar Mizwa ging ich mit Paps wieder in die Synagoge. Was für ein Gegensatz! Düster, still, fast leer; vorn legten Morris Elfenbein und ein paar alte Männer ihren Gebetsschal und die Gebetskapseln an ...

Wenn Paps sich nicht bemüht hätte, hätte ich das Ganze nicht verstanden. Jeder kann eine Bar Mizwa feiern, wenn er ein Bündel Geld und einen Jungen hat, der bereit ist, das Pauken um einer großen Sache willen auf sich zu nehmen ... Das Rückgrat unserer Religion – und wer weiß, vielleicht jeder Religion in dieser verrückten Zeit – ist eine Handvoll sturer Leute in einem fast leeren Gotteshaus, die einfach einen Tag um den anderen weitermachen; aus Gewohnheit, aus Treue, aus Trägheit, aus Aberglauben, aus Gefühl oder womöglich aus echtem Glauben – wer kann da sicher sein? Mein Vater lehrte mich diese triste Wahrheit. Ich habe sie nicht vergessen, so dass ich mich immer noch an jedem Wochentag in die Synagoge schleppe, vor allem wenn es regnet oder schneit und die Gefahr besteht, dass sonst kein Minjan zusammenkommt.«[92]

Die Offenbarung vom Sinai, der Schlüssel zum Verständnis der hebräischen Geschichte und der jüdischen Identität, wird von einem Minjan, zehn sturen alten Männern in einer fast verlassenen

Synagoge, am Leben erhalten und weitergegeben. Wie verworren ihre Motive auch sein mögen und wie frustriert sie vielleicht über die Apathie und Gleichgültigkeit der Menge sind, sie erzählen die Geschichte zur Zeit und zur Unzeit.

Auch wir Christen sollen nicht aufhören, Gottes Taten zu erzählen. Der Impuls, die Erlösungsgeschichte des Neuen Testaments weiterzuerzählen, entsteht aus dem Hören auf den Herzschlag des auferstandenen Jesus. Wir müssen dazu keine ordinierten Pastoren oder feurige Straßenprediger werden, und es ist auch nicht nötig, dass wir versuchen, die Leute zu bekehren, indem wir ihnen mit unserer Bibel einen Hieb nach dem anderen verpassen. Es bedeutet einfach, dass wir anderen erzählen, wie unser Leben früher aussah, was geschah, als wir Jesus begegneten, und was seitdem aus unserem Leben geworden ist.

Der Hochstapler schreckt davor zurück, diese Geschichte zu erzählen, weil er Ablehnung fürchtet. Er ist angespannt und ängstlich, weil er sich auf sich selbst verlassen muss, seine Kraft ist durch seine dürftigen Mittel eingeschränkt. Er hat Angst zu versagen.

Das wahre Ich aber lässt sich nicht einschüchtern. Von einer Kraft angetrieben und weitergetragen, die größer ist als die eigene, findet es in dem Bewusstsein Sicherheit, dass der auferstandene Jesus gegenwärtig ist. Jesus, nicht das eigene Ich, ist das unverzichtbare Herz des Dienstes. »Ohne mich könnt ihr nichts tun« (Johannes 15,5). In dem Moment, wo wir zugeben, dass wir selbst machtlos sind, betreten wir die befreiende Sphäre des Auferstandenen und werden frei von der Furcht, was dabei herauskommen wird. Wir erzählen die Geschichte einfach, weil es das Richtige ist. »Der einzige Grund, das Richtige zu tun, besteht darin, dass es das Richtige ist. Alles andere wäre Grund, etwas anderes zu tun.«[93]

Vor kurzem starb der Hollywood-Regisseur Frank Capra. Er wurde vor allem durch den Film *Ist das Leben nicht schön?* aus dem

Jahre 1946 bekannt. Der Film ist »ein Märchen über einen Mann, der in Selbstmordgedanken verfällt, weil er meint, er habe nichts von bleibendem Wert geschaffen. Er wird von einem Schutzengel gerettet, der ihm in einer hervorragend realisierten Traumfolge zeigt, wie unglücklich das Leben seiner Stadt, seiner Freunde, seiner Familie gewesen wäre, wenn es ihn nie gegeben und er sie nie mit seiner Güte angerührt hätte.«[94]

Vielleicht haben Sie, wenn der letzte Vorhang fällt, die Geschichte nur einem anderen Menschen erzählt. Gott hat verheißen, dass ein einziges Glas Wasser aus dem wahren Brunnen, das wir an einen anderen weitergeben, nicht unbelohnt bleiben wird.

Bewusst mit dem Auferstandenen leben

Bewusst in der Gegenwart des auferstandenen Christus zu bleiben, ist eine kostspielige Entscheidung, die mehr Mut als Intelligenz erfordert. Ich stelle an mir selbst die Tendenz fest, dass ich wieder unaufmerksam werde, mich an manchen Dingen wieder allein erfreue, Christus ausschließe, manche Erfahrungen und Beziehungen für mich behalte. Verschlimmert wird das Ganze durch das, was jemand einmal den »Agnostizismus der Unachtsamkeit« genannt hat – den Mangel an persönlicher Disziplin gegenüber dem Bombardement der Medien, oberflächliche Lektüre, sterile Unterhaltungen, flüchtiges Gebet und eine Unterwerfung der Sinne. Dann verschwimmt das Bewusstsein für den auferstandenen Christus. Genauso wie Liebe, Vertrauen und Gespräch in einer Beziehung leiden, wenn ich nicht aufmerksam bin, so wird die Beziehung zu Gott verdüstert, wenn ich nicht auf mein wahres Ich achte. »Dornen und Disteln überwuchern den nicht begangenen Pfad«, sagt ein altes Sprichwort. Ein einmal blühendes Herz kann zu einem verwahrlosten Weinberg werden.

Wenn ich wegsehe und Jesus aus meinem Bewusstsein aussperre, dann wird mein Herz vom eisigen Finger des Agnostizismus berührt. Das Problem ist nicht, dass ich Gott leugne. Vielmehr beginnt der Unglaube wie Unkraut zu wuchern, weil ich nicht mehr auf die Gegenwart Gottes achte. Wie ich meine Zeit verbringe und mein Geld ausgebe, wie ich gewöhnlich mit anderen umgehe, zeigt, wie sehr mir seine Nähe bewusst oder nicht bewusst ist.

Je mehr Jahre ich lebe, desto mehr bin ich überzeugt, dass wir es lernen müssen, im Bewusstsein des auferstandenen und gegenwärtigen Jesus zu leben. Nur dann werden wir auch die Leidenschaft für den Glauben wieder entdecken.

7. Die Wiederentdeckung der Leidenschaft

Der Schatz im Acker

Leidenschaft, auf Lateinisch *passion*, setzt voraus, dass ein Mensch von etwas zutiefst angerührt oder betroffen ist. *Passion, Leidenschaft ist die eigentliche Kraft der Seele.*[95] Dabei denken wir wohl nur selten darüber nach, dass die Fähigkeit, sich von etwas anrühren zu lassen, eine Kraftquelle ist. Im Matthäusevangelium finden wir dafür ein eindrückliches Beispiel (13,44). Es war ein harter Arbeitstag wie viele andere im öden Wochenablauf. Aber plötzlich bleibt der Ochse stehen und zerrt mutwillig am Geschirr. Der Bauer treibt die Pflugschar tiefer in die Erde als sonst. Er zieht Furche um Furche, bis er einen harten, metallischen Klang vernimmt. Der Ochse hört auf, unruhig zu treten. Der Mann schiebt den primitiven Pflug zur Seite.

Mit bloßen Händen durchwühlt er hektisch das Erdreich. Um ihn herum fliegen die Erdbrocken. Schließlich erspäht er einen Griff und zieht ein großes irdenes Gefäß aus dem Boden. Er zittert. Heftig zieht er an dem Griff – und erstarrt. Dann entfährt ihm ein lautes »Ohh!«, das den Ochsen blinzeln lässt.

Der schwere Krug ist bis zum Rand voll mit Münzen und Juwelen, Silber und Gold. Der Bauer wühlt den Schatz durch und lässt die wertvollen Münzen, die seltenen Ohrringe und funkelnden Diamanten durch die Finger gleiten. Verstohlen sieht er sich um, ob ihn auch niemand beobachtet. Zufrieden, dass er allein ist, häuft er die Erde wieder über den Krug, pflügt eine flache Furche darüber, markiert die Stelle mit einem großen Stein und fährt fort, das Feld umzupflügen.

Der fantastische Fund hat ihn aufgewühlt. Nur ein Gedanke beherrscht ihn jetzt, ja, er versetzt ihn in eine solche Unruhe, dass er sich am Tag kaum mehr auf die Arbeit konzentrieren, in der Nacht nicht mehr ruhig schlafen kann. Er muss in den Besitz des Feldes kommen!

Als Tagelöhner kann er unmöglich den vergrabenen Schatz einfach an sich nehmen – man würde ihn für einen Dieb halten. Wo aber soll er das Geld herbekommen, um das Feld zu kaufen? Vorsicht und Besonnenheit lassen ihn im Stich. Er veräußert seinen gesamten Besitz. Für seine Hütte und die wenigen Schafe, die er besitzt, bekommt er einen ordentlichen Preis. Er wendet sich an Verwandte, Freunde und Bekannte und borgt sich Geld zusammen. Der Besitzer des Feldes ist hocherfreut über den fantastischen Preis, den der Käufer ihm bietet, und verkauft den Acker ohne weiteres Nachdenken.

Die Frau des neuen Besitzers bekommt einen Schlaganfall. Seine Söhne sind untröstlich. Die Freunde machen ihm Vorwürfe. Die Nachbarn schütteln nur noch den Kopf: »Wahrscheinlich ist er zu lange in der Sonne gewesen.« Aber sie sind alle verblüfft über seine gewaltige Energie.

Der Bauer bleibt gelassen, ja sogar fröhlich, trotz aller Widerstände. Er weiß, er hat ein ausgesprochen gewinnbringendes Geschäft gemacht, und freut sich beim Gedanken an die große Überraschung. Der Schatz – wahrscheinlich ist er vor dem letzten Krieg im Feld versteckt worden und sein Besitzer hat nicht überlebt – bringt den Preis, den er für das Feld gezahlt hat, hundertfach wieder ein. Er zahlt alle seine Schulden und baut sich einen Palast, wie man ihn heute am Strand von Malibu finden kann. Der Bauer aus den untersten Kreisen ist nun ein gemachter Mann, von Feinden beneidet, von Freunden beglückwünscht und für den Rest des Lebens abgesichert.

»Das Himmelreich gleicht einem Schatz, verborgen im Acker, den ein Mensch fand und verbarg; und in seiner Freude ging er hin und verkaufte alles, was er hatte, und kaufte den Acker« (Matthäus 13,44).

Jesus erzählt mit diesem Gleichnis von der freudigen Entdeckung des Himmelreichs. Der Theologe Joachim Jeremias schreibt dazu: »Wenn die große, alles Maß übersteigende Freude einen Menschen erfasst, dann reißt sie ihn fort, erfasst das Innerste und überwältigt den Sinn. Alles verblasst vor dem Glanz des Gefundenen. Kein Preis erscheint zu hoch. Die bedingungslose Hingabe des Köstlichsten wird zur blanken Selbstverständlichkeit. Nicht die Besitzhingabe [des Mannes des Gleichnisses] ist das Entscheidende, sondern der Anlass zu [seinem] Entschluss: das Überwältigtwerden durch die Größe des Fundes. So ist es mit der Königsherrschaft Gottes. Die frohe Botschaft von ihrem Anbruch überwältigt, schenkt die große Freude, richtet das ganze Leben aus auf die Vollendung der Gottesgemeinschaft, wirkt die leidenschaftlichste Hingabe.«[96]

Wenn wir dieses Gleichnis vom Schatz einmal in unsere Zeit übertragen, muss ich an meine eigene Geschichte denken.

Ich verscherzte mir ein Vermögen für Bourbon und Wodka. In jenen Tagen des sauren Weins und der welken Rosen, als ich die Whiskyflaschen im Badezimmerschrank, im Handschuhfach und im Geranientopf versteckte, verbarg ich mich unter Tränen, aber mit einem leeren Lachen auch vor Gott. Dabei wusste ich die ganze Zeit, wo der Schatz zu finden war.

Es ist eine Sache, den Schatz zu entdecken. Eine andere ist es, *ihn entschlossen und hartnäckig für sich selbst in Anspruch zu nehmen*.

Dass unser Leben so armselig ist, hat zum großen Teil damit zu tun, dass wir uns von dem Plunder und den Verheißungen einer unwirklichen Welt faszinieren lassen, die doch vergeht. Sex, Drogen, Schnaps, die Jagd nach Geld, Vergnügen und Macht, selbst ein bisschen Religion, verdrängen den Gedanken an den Auferstandenen. Frommes Geschwätz, Ansehen in der Welt oder zeitweilige Bewusstlosigkeit können jedoch auf Dauer nicht verbergen, wie erschreckend belanglos es in Kirche und Gesellschaft zugeht, und auch Fanatismus, Zynismus oder Gleichgültigkeit können es nicht.

Egal, wie die Sucht aussieht – ob es eine unterdrückende Beziehung, eine ungesunde Abhängigkeit oder einfach nur Faulheit ist –, die Fähigkeit, sich von Jesus anrühren zu lassen, wird erstickt. Trägheit ist die Weigerung, uns auf die Reise zu begeben, eine Lähmung, die davon herrührt, dass wir uns vor leidenschaftlichen Gefühlen schützen wollen.[97] Wenn der Schatz, der zum Greifen nah vor uns liegt, uns nicht zutiefst berührt, sind Apathie und Mittelmäßigkeit unvermeidlich. Wenn Leidenschaft nicht zu Nostalgie oder Sentimentalität verkommen soll, muss sie sich an ihrer Quelle erneuern.

Der Schatz heißt Jesus Christus. Er ist das Himmelreich in uns.

Am Herzen Gottes seine Liebe erkennen

Es gibt eine schöne Geschichte von einem frommen jüdischen Ehepaar. Sie hatten aus Liebe geheiratet und ihre Liebe starb nicht. Ihre größte Hoffnung war es, ein Kind zu bekommen, damit ihre Liebe sichtbar über diese Erde schreiten konnte.

Aber es gab Probleme. Und weil die beiden sehr fromm waren, beteten sie. Sie beteten lange und immer wieder, und nach beträchtlichen Bemühungen wurde die Frau endlich schwanger. Als sie es erfuhr, da lachte sie lauter als damals Sara, als sie Isaak empfing. Und das Kind in ihrem Leib hüpfte fröhlicher als Johannes im Bauch der Elisabeth, als Maria zu Besuch kam. Neun Monate später kam kräftig strampelnd ein entzückender kleiner Junge zur Welt.

Sie nannten ihn Mordechai. Mordechai war wild und liebte das Leben; er verschlang die Tage und durchträumte die Nächte. Sonne und Mond waren sein Spielzeug. Er nahm zu an Alter, Weisheit und Gnade, bis es an der Zeit war, in die Synagoge zu gehen und das Wort Gottes zu lernen.

Am Abend, ehe das Bibelstudium beginnen sollte, hießen seine Eltern ihn sich setzen und erzählten ihm, wie wichtig das Wort Gottes sei. Ohne das Wort Gottes würde Mordechai sein wie ein Herbstblatt im Winterwind. Mit weit aufgerissenen Augen hörte er ihnen zu.

Doch am nächsten Tag kam er nicht in der Synagoge an. Stattdessen fand er sich im Wald wieder, badete im See und kletterte in den Bäumen.

Als er am Abend nach Hause kam, hatte sich die Nachricht im Dorf schon verbreitet. Alle wussten von der Schande. Seine Eltern waren außer sich und wussten nicht, was tun.

Und so riefen sie den Verhaltensveränderer, damit er Mordechais Verhalten änderte, bis es kein Verhalten mehr an Mordechai gab, das nicht verändert war. Dennoch fand er sich auch am folgenden Tag in den Wäldern wieder, badete im See und kletterte in den Bäumen.

Da riefen sie die Psychoanalytiker, die Mordechai halfen, seine Blockaden zu durchbrechen, so dass es keine mehr gab, die ihn abhalten konnten. Trotzdem fand er sich auch am folgenden Tag in den Wäldern wieder, badete im See und kletterte in den Bäumen.

Die Eltern jammerten über den geliebten Sohn. Es schien keine Hoffnung zu geben.

Zur selben Zeit kam der große Rabbi ins Dorf. Und die Eltern sagten: »Ach, vielleicht der Rabbi.« Und so brachten sie Mordechai zum Rabbi und klagten ihm ihr Leid. Der Rabbi polterte: »Lasst den Jungen bei mir, und ich will ein Wörtchen mit ihm reden.«

Es war schon schlimm genug, dass Mordechai nicht in die Synagoge ging. Ihn jetzt aber mit diesem Löwen von einem Mann allein zu lassen, war ein entsetzlicher Gedanke. Doch nun war es schon einmal so weit gekommen, und sie ließen ihn dort.

Mordechai stand im Korridor, und der große Rabbi stand in

seinem Sprechzimmer. »Junge, komm her«, befahl er. Zitternd ging Mordechai zu ihm.

Da hob der große Rabbi ihn hoch und drückte ihn schweigend an sein Herz.

Die Eltern kamen, um Mordechai zu holen. Am nächsten Tag ging er in die Synagoge, um das Wort Gottes zu lernen. Und wenn er damit fertig war, ging er in die Wälder. Und das Wort Gottes wurde eins mit dem Wort der Wälder, das eins wurde mit den Worten Mordechais. Und er schwamm im See. Und das Wort Gottes wurde eins mit den Worten des Sees, die eins wurden mit den Worten Mordechais. Und er kletterte in den Bäumen. Und das Wort Gottes wurde eins mit den Worten der Bäume, die eins wurden mit den Worten Mordechais.

Und Mordechai selbst wuchs heran und wurde ein großer Mann. Menschen, die von Panik ergriffen waren, kamen zu ihm und fanden Frieden. Menschen, die niemanden sonst hatten, kamen zu ihm und fanden Gemeinschaft. Menschen, die keinen Ausweg mehr sahen, kamen zu ihm und fanden den Weg. Und wenn sie zu ihm kamen, sagte er: »Ich habe das Wort Gottes erst gelernt, als der große Rabbi mich schweigend an sein Herz drückte.«[98]

Das Herz gilt allgemein als der Sitz der Gefühle, aus dem Liebe und Hass hervorgehen. Mit dieser engen Definition begrenzen wir es jedoch auf nur eine Dimension des ganzen Menschen. Sie ist sicher nicht, was wir meinen, wenn wir beten: »Schaffe in mir, Gott, ein reines Herz«, oder was Gott meint, wenn er durch den Mund des Jeremia sagt: »Ich will mein Gesetz in ihr Herz geben und in ihren Sinn schreiben« (Jeremia 31,33), oder Jesus, wenn er sagt: »Selig sind, die reinen Herzens sind« (Matthäus 5,8).

Das Herz ist das Symbol für den Kern unseres Menschseins. Es umschreibt, wer wir wirklich sind. Wir können nur dann kennen und gekannt werden, wenn wir offenbaren, was in unserem Herzen ist.

Als Mordechai den Herzschlag des großen Rabbis hörte und

merkte, dass der Weise wirklich nichts zu ihm sagte, ihn nicht ermahnte, nicht an ihm herumerzog, da erkannte er mit einem Schlag die Liebe, die von Gott kommt. Es war eine Geste, die von Herzen kam und das Herz des Jungen erreichte.

Auf den Herzschlag Jesu lauschen

Während einer Einkehrwoche beschäftigte ich mich unlängst mit dem Johannesevangelium. Immer, wenn ein Satz mich besonders ansprach, notierte ich ihn mir in einem Heft. Der erste einer ganzen Reihe von Einträgen lautete genauso wie der letzte: »Es war aber einer unter seinen Jüngern, den Jesus lieb hatte, der lag bei Tisch an der Brust Jesu ... Da lehnte der sich an die Brust Jesu« (Johannes 13,23+25). Wir sollten diesen Satz nicht auf der Suche nach einer tieferen Offenbarung hastig überlesen, sonst entgeht uns eine wunderbare Erkenntnis. Diese wenigen Worte können unser Verständnis von Gott und unsere Beziehung zu Jesus radikal verändern. Jesus lässt es zu, dass ein junger Jude von gut zwanzig Jahren in seinen schäbigen Kleidern sich an ihn lehnt und seinem Herzschlag lauscht.

Haben wir den Menschen Jesus je näher gesehen?

Johannes hatte ganz offensichtlich keine Angst vor Jesus. Er war nicht eingeschüchtert von seinem Herrn und Meister. Der Jesus, den Johannes kannte, war kein kapuzenbedeckter Mystiker; er war kein Astralwesen wie auf einem kitschigen Heiligenbildchen mit langem Haar und fließendem Gewand.

Aus Angst, ich könnte an der Göttlichkeit Jesu vorbeigehen, habe ich mich von seiner Menschlichkeit ferngehalten. Mein Unbehagen verrät ein eigenartiges Zögern, wenn es um den Glauben geht, als wäre es nur eine unbestimmte Ahnung von einer weit entfernten Gottheit, statt ein zuversichtliches Vertrauen auf einen persönlichen Erlöser.

Als Johannes sich an die Brust Jesu lehnte und dem Herzschlag des großen Rabbi lauschte, erkannte er sein Wesen in einer Weise, die alles rein verstandesmäßige Wissen weit übersteigt.

Was für Welten liegen zwischen dem *Wissen* von oder *über* jemanden und dem *Kennen* eines Menschen! Wir können alles von einem anderen wissen – Name, Geburtsort, Familiengeschichte, schulische Bildung, Gewohnheiten, Aussehen –, aber alle diese wichtigen Angaben sagen uns nichts über den Menschen selbst, wie er lebt und liebt und wie er seinen Weg mit Gott geht.

In einem plötzlichen Verstehen erkannte Johannes Jesus als das menschliche Angesicht des Gottes, der selbst die Liebe ist. Und indem er erfuhr, wer der große Rabbi war, entdeckte er auch, wer er *selbst* war – der Jünger, den Jesus lieb hatte. Jahre später konnte er schreiben: »Furcht gibt es in der Liebe nicht, sondern die vollkommene Liebe vertreibt die Furcht. Denn die Furcht rechnet mit Strafe, und wer sich fürchtet, dessen Liebe ist nicht vollendet« (1. Johannes 4,17-18).

Für Johannes war das Herz des christlichen Glaubens kein überkommenes Dogma, sondern eine Botschaft, die er selbst erfahren hatte. Und die Botschaft, die er verkündete, lautet: »Gott ist Liebe« (1. Johannes 4,16).

Der Philosoph Bernard Lonergan hat einmal gesagt: »Jede religiöse Erfahrung ist in ihrem Kern die Erfahrung einer bedingungslosen und vorbehaltlosen Liebe.«[99]

Die Wiederentdeckung der Leidenschaft beginnt mit der Wiederentdeckung, dass ich ein Geliebter bin. Wenn ich Christus finde, dann finde ich auch mich selbst, und wenn ich mein wahres Ich finde, dann finde ich ihn. Das ist das Ziel und der Sinn unseres Lebens. Johannes glaubte nicht, Jesus sei irgendwie das Wichtigste; er glaubte, Jesus sei das Einzige. Für den »Jünger, den Jesus lieb hatte«, war alles andere kein wahrer Glaube.

Vielleicht war jener Abend der alles entscheidende Moment im Leben von Johannes. Rund sechzig Jahre nach Christi Auferstehung erinnert sich der Apostel – wie ein alter Goldgräber, der den Strom seiner Erinnerungen noch einmal durchkämmt – noch einmal an alles, was in den drei Jahren des Zusammenseins mit Jesus passiert war. Er weist besonders auf jene heilige Nacht hin, in der sich alles zuspitzte, und beschreibt seine tiefste Identität mit den Worten: »Petrus aber wandte sich um und sah den Jünger folgen, den Jesus lieb hatte, der auch beim Abendessen an seiner Brust gelegen hatte« (Johannes 21,20).

Wenn man Johannes fragen würde: »Wer bist du eigentlich? Wie empfindest du selbst dich?«, dann würde er nicht erwidern: »Ich bin ein Jünger, ein Apostel, ein Evangelist«, sondern: »Ich bin der, den Jesus lieb hat.«

Wer Johannes 13,23-25 ohne Glauben liest, der hat wahrscheinlich keinen Nutzen davon. Um uns auf ein leidenschaftliches Leben einzulassen, müssen wir so von Jesus »angerührt sein«, wie Johannes es war. Wir müssen seine Erfahrung mit unserem Leben erfassen und nicht so sehr mit unserem Gedächtnis. Solange ich meinen Kopf nicht »an Jesu Brust lehne«, auf seinen »Herzschlag« lausche und die Christuserfahrung des Augenzeugen Johannes für mich selbst in Anspruch nehme, solange habe ich nur einen Glauben aus zweiter Hand.

Ich habe schon einmal in einem früheren Buch von einem alten, krebskranken Mann erzählt, der kurz vor dem Sterben stand.[100] Seine Tochter hatte den Pfarrer gebeten, ihren Vater zu besuchen und mit ihm zu beten. Als der Priester kam, fand er den Mann im Bett liegen, von zwei Kissen gestützt. Neben dem Bett stand ein leerer Stuhl. Der Priester nahm an, man habe dem Mann seinen Besuch angekündigt.

»Sie haben mich wohl erwartet«, begann er.

»Nein, wer sind Sie?«

»Ich bin der neue Geistliche in Ihrer Gemeinde«, erwiderte der Priester. »Als ich den leeren Stuhl sah, habe ich gedacht, Sie wüssten, dass ich vorbeikommen würde.«

»Ach ja, der Stuhl«, sagte der bettlägerige Mann. »Würde es Ihnen etwas ausmachen, die Tür zu schließen?«
Erstaunt schloss der Priester die Tür.
»Ich habe noch nie mit jemandem darüber gesprochen, nicht einmal mit meiner Tochter«, sagte der alte Mann. »Ich habe mein ganzes Leben nie gewusst, wie ich beten soll. Am Sonntag in der Kirche hörte ich, wie der Priester vom Beten sprach, aber es ging immer über mich hinweg. Eines Tages sagte ich aus bloßer Verzweiflung zu ihm: ›Ihre Predigten übers Beten bringen mir gar nichts.‹ ›Hier‹, sagte mein Pastor und langte in die unterste Schublade seines Schreibtischs. ›Lesen Sie dieses Buch von Hans Urs von Balthasar. Er ist ein Theologe aus der Schweiz. Es ist das beste Buch dieses Jahrhunderts über das betrachtende Gebet.‹
Nun, Pater«, sagte der Mann, »ich nahm das Buch mit nach Hause und versuchte es zu lesen. Aber schon auf den ersten drei Seiten musste ich zwölf Worte im Wörterbuch nachschlagen. Ich gab meinem Pfarrer das Buch zurück, dankte ihm und flüsterte vor mich hin: ›Es hat keinen Sinn.‹
Danach habe ich alle Versuche zu beten aufgegeben«, fuhr er fort, »bis eines Tages vor etwa vier Jahren mein bester Freund zu mir sagte: ›Joe, beim Beten geht es doch einfach darum, sich mit Jesus zu unterhalten. Ich mache dir einen Vorschlag. Setz dich in einen Sessel, stell dir gegenüber einen leeren Stuhl hin und dann stell dir im Glauben vor, Jesus würde dort sitzen. Er ist kein Gespenst, denn er hat uns versprochen: Ich bin bei euch alle Tage. Dann sprich einfach mit ihm und hör ihm genauso zu wie jetzt mir.‹
Das habe ich dann versucht, und es hat mir so gut gefallen, dass ich es jeden Tag ein paar Stunden getan habe. Ich bin allerdings sehr vorsichtig. Wenn meine Tochter sehen würde, wie ich mich mit einem leeren Stuhl unterhalte, bekäme sie entweder einen Nervenzusammenbruch oder sie würde mich ins Irrenhaus stecken.«

Der Priester war von der Geschichte sehr berührt und machte dem Alten Mut, dabei zu bleiben. Dann betete er mit ihm, salbte ihn mit Öl und ging ins Pfarrhaus zurück.

Zwei Tage später rief die Tochter an und berichtete, ihr Vater sei am Nachmittag gestorben.

»Ist er in Frieden gestorben?«, fragte er.

»Ja, als ich gegen zwei Uhr das Haus verließ, rief er mich zu sich ans Bett, erzählte einen seiner abgedroschenen Witze und küsste mich auf die Wange. Als ich eine Stunde später vom Einkaufen zurückkam, fand ich ihn tot. Aber da war etwas Eigenartiges, Pater. Ja, irgendwie seltsam. Papa muss sich kurz, bevor er starb, vorgebeugt und seinen Kopf auf den Stuhl neben seinem Bett gelegt haben.«

Der Jesus des Glaubens ist für uns als der Auferstandene und Gegenwärtige nicht weniger erreichbar, als es Jesus in Menschengestalt für seinen geliebten Jünger war. Johannes betont das ganz besonders, wenn er seinen Herrn zitiert: »Ich sage euch die Wahrheit: Es ist gut für euch, dass ich weggehe« (16,7).

Warum? Wie konnte Jesu Weggehen für die Gemeinschaft der Gläubigen von Nutzen sein?

Erstens: »Wenn ich nicht weggehe, kommt der Tröster nicht zu euch. Wenn ich aber gehe, will ich ihn zu euch senden« (Johannes 16,7).

Zweitens: Solange Jesus noch sichtbar auf der Erde war und die Jünger ihn so handgreiflich in der gewohnten, geliebten Gestalt vor sich sahen, konnten sie den Glauben mit dem spürbaren Sinnesbeweis verwechseln. Sie hatten Jesus »zum Anfassen« neben sich und *mussten* sozusagen nicht an ihn glauben. Jesus als Mensch zu sehen, war ein besonderes Vorrecht. Selig aber sind die, die nicht sehen und doch glauben (Johannes 20,29).

Allein die Liebe zählt

Im Licht der Erfahrung, die Johannes gemacht hat, ist es nicht überraschend, dass er seinen Lesern in seinem Evangelium eine ganz zentrale Frage stellt: Kennt und *liebt ihr Jesus*, den Messias und Gottessohn?

Daraus fließt der ganze Sinn und die Fülle des Lebens. Alles andere muss daneben verblassen. »Der Leser [des Johannesevangeliums] wird vom Glanz seines Bildes regelrecht geblendet, und wenn er weggeht, ist er wie einer, der zu lange in die Sonne geschaut hat – er kann nichts anderes mehr sehen als ihr Licht.« (Edgar Burns)

Die Gemeinschaft mit Jesus tritt als das Hauptthema des Johannes zutage. Mit dem Bild vom Weinstock und seinen Reben ruft Jesus uns auf, einen neuen Raum zu betreten, in dem wir ohne Angst und Furcht leben können. »Bleibt in mir, wie ich in euch.« »Wer in mir bleibt und ich in ihm, der bringt viel Frucht.« »Wie mich mein Vater liebt, so liebe ich euch auch. Bleibt in meiner Liebe.« (Johannes 15,4+5+9).

Wenn wir Jesus durch das Prisma des johanneischen Denkens betrachten, gewinnen wir einen einzigartigen Einblick in das, was Jüngerschaft ausmacht. Die persönliche Beziehung zu Christus überragt alles andere. Was es in der christlichen Gemeinde an Hervorgehobenem gibt, sind nicht Aposteltum oder kirchliche Ämter, nicht Titel oder Bereiche, nicht Geistesgaben wie das Reden in Zungen, Heilungsgabe, Prophetie oder geisterfüllte Predigt, sondern allein unsere Antwort auf Jesu Frage: »Hast du mich lieb?«

Das Evangelium des Johannes hat eine wichtige Botschaft für die moderne Kirche: *Allein die Liebe zu Jesus Christus ist ausschlaggebend für Status und Würde.*

Ehe Petrus mit Vollmacht umhüllt wurde, fragte Jesus ihn (nicht nur einmal, dreimal!): »Hast du mich lieb?« Und seine Frage ist nicht nur erschütternd, sondern auch sehr erhellend, denn: »Wenn Vollmacht verliehen wird, dann muss sie auf der Liebe zu Jesus beruhen.«[101]

Die Leitung soll in der Gemeinde nicht denen anvertraut werden, die erfolgreich Spendengelder eintreiben können, nicht herausragenden Bibelwissenschaftlern, Verwaltungsgenies oder fesselnden Predigern (obwohl all dies hilfreich sein kann), sondern denen, die von einer Leidenschaft für Jesus verzehrt werden – Männern und Frauen, denen Privilegien und Macht nichts mehr bedeutet angesichts der Tatsache, dass sie Jesus kennen und lieben dürfen. Henri Nouwen schreibt zur Eignung für Leitungsaufgaben:

»Wenn Seelsorger nur Menschen sind, die gut fundierte Meinungen zu den brennenden Fragen unserer Zeit haben, ist das zu wenig. Ihr Dienst muss in der ständigen, innigen Beziehung zum menschgewordenen Wort, zu Jesus, verwurzelt sein; das ist die unentbehrliche Quelle, aus der sie ihre Worte, Ratschläge und Wegweisungen schöpfen müssen ...

Wenn wir uns mit aktuellen Zeitproblemen abgeben, ohne in einer tiefen persönlichen Beziehung zu Gott verankert zu sein, geraten wir allzu schnell und unmerklich in einseitige Parteilichkeit und verfahren uns mit unserer Meinung in unsere selbst entworfenen Vorstellungen.

Aber wenn wir zuverlässig durch eine persönliche innere Beziehung an der Quelle des Lebens wurzeln, sind wir imstande, flexibel zu bleiben, ohne alles beliebig zu relativieren; einen festen Standpunkt zu vertreten, ohne starr zu sein; eine ausgeprägte Meinung zu haben, ohne andere vor den Kopf zu stoßen; gütig und verständnisvoll zu sein, ohne in konturlose Weichheit zu verfallen; wirkliche Zeugen zu werden, ohne die anderen zu bedrängen und zu manipulieren.«[102]

Wir müssen nur die großen Spaltungen und Risse in der Kirchengeschichte ansehen, die Zeiten voll Hass und Streit, um zu erkennen, was für verhängnisvolle Folgen es hat, wenn Johannes' Kriterien für die Leitung der Gemeinde nicht beachtet werden. Angesichts des Leids, das die »Kreuzritter« aller Jahrhunderte im Namen des rechten Glaubens angerichtet haben, können wir nur schaudern.

Der inneren Leidenschaft folgen

In der stillen Woche, die ich in der Gesellschaft von Johannes und unter seiner Anleitung verbrachte, sprangen mir die Verben und Adverbien in die Augen, die er gebraucht, wenn er von Jesus oder den Menschen um ihn herum berichtet.

Als Maria von ihrer Schwester Marta erfuhr, dass Jesus in Bethanien angekommen sei und sie sehen wolle, stand sie *eilend* auf und lief zu ihm (Johannes 11,29).

Maria Magdalena war untröstlich und weinte, als sie das Grab leer fand. Doch als Jesus ihren Namen nannte und sie ihn erkannte, da sagte er zu ihr: »*Rühre* mich nicht an, denn ich bin noch nicht aufgefahren zum Vater« (20,17).

Sobald Petrus und Johannes gehört haben, dass das Grab Jesu leer sei, *liefen* sie miteinander zum Garten, doch der andere Jünger *lief voraus, schneller* als Petrus, und kam zuerst zum Grab (20,3-4).

Petrus, der Mann, der Jesus verleugnet hatte – als Freund in der Stunde der Not ein absoluter Versager, ein Feigling vor dem Sklavenmädchen im Hof des Hohenpriesters –, *warf* sich fast nackt ins Wasser, als Johannes sagte, der Herr stehe am Ufer: »Als Simon Petrus hörte, dass es der Herr war, gürtete er sich das Obergewand um, denn er war nackt, und warf sich ins Wasser« (21,7). Johannes bemerkt noch, dass das Boot etwa hundert Meter vom Ufer entfernt war.

Diese biblischen Gestalten, wie rein oder fleckig ihre Weste auch sein mochte, ließen sich bei ihrer Reaktion auf Jesus nicht von ihrer Vergangenheit lähmen. Sie schoben alle Befangenheit beiseite und liefen, eilten und rannten zu ihm. Petrus hatte seinen Herrn verleugnet und verlassen, aber er hatte keine Angst vor ihm.

Nehmen wir einmal für einen Moment an, Sie hätten eine Art Geistesblitz und Ihnen würde deutlich, dass all Ihre Motive für den Dienst letztlich egoistisch sind. Oder nehmen wir an, Sie hätten sich letzte Nacht betrunken und Ehebruch begangen. Oder Sie hätten einen Hilferuf überhört und der Mensch habe Selbstmord begangen. Was würden Sie tun?

Würden Schuldgefühle, Selbstverurteilung und Selbsthass Sie umtreiben? Oder würden Sie ins Wasser springen und in halsbrecherischem Tempo die hundert Meter zu Jesus eilen? Wenn Sie das Gefühl verfolgt, unwürdig zu sein, lassen Sie es dann zu, dass die Finsternis Sie überwältigt? Oder würden Sie Jesus den sein lassen, der er ist – ein Erlöser von grenzenlosem Mitgefühl und unendlicher Geduld, ein Liebhaber, der über unsere Fehler nicht Buch führt?

Johannes will uns deutlich machen, dass die Jünger zu Jesus eilten, weil sie verrückt nach ihm waren.

Der geliebte Jünger sendet eine Botschaft an beide – an den Sünder, der sich schämt, und an die Gemeinde, die nur langsam und zurückhaltend vergibt, weil sie Angst hat, als zu lasch oder zu liberal zu gelten. Die Zahl der Menschen, welche die Kirche verlassen haben, weil sie zu geduldig oder zu mitfühlend war, ist verschwindend klein im Vergleich zur Menge jener, die gegangen sind, weil sie ihnen zu unnachgiebig erschien. Das ist die Tragödie!

Als ich noch mit Roslyn befreundet war, nutzte ich jede Gelegenheit, um sie in New Orleans zu besuchen. Im Frühjahr 1978 war ich einmal mit siebzig nordamerikanischen Kirchenleuten zu einer zehntägigen Retraite in Assisi in Italien. Ich flog mit der

Gruppe zurück und kam gegen drei Uhr morgens in Minneapolis an.

Ich war müde wegen der Zeitverschiebung. Außerdem hatte ich am übernächsten Tag in San Francisco auf einer Konferenz zu sprechen. Da wäre es das Vernünftigste gewesen, direkt nach Kalifornien weiterzufliegen. Stattdessen lungerte ich bis sechs Uhr in Minneapolis herum, nahm den ersten Flug nach New Orleans und konnte mit Roslyn am Ufer des Lake Pontchartrain ein wunderbares Picknick genießen, bevor ich mich auf die Weiterreise nach San Francisco machte. Um Mitternacht kam ich an.

Am nächsten Morgen war ich frisch und munter und voller Tatendrang – die Liebe hatte mir Flügel verliehen. Ja, ich war verliebt in die Liebe!

Die Erfahrung lehrt uns, dass das Leben nicht immer in einem so romantischen Takt verläuft. Spannung und Begeisterung müssen irgendwann einer ruhigen, nachdenklichen Haltung Platz machen. *Die Liebe muss Trennung, Einsamkeit, Konflikte, Spannungen und Zeiten der Langeweile aushalten können, die ihre Tragfähigkeit immer wieder herausfordern.* Wenn sie überleben soll, muss die vermeintliche Vertrautheit der ersten Faszination zu einer echten Vertrautheit reifen, die von Selbstaufgabe, Achtung und Verständnis geprägt ist.

Viele Menschen können sich an einen Augenblick erinnern, in dem eine gänzlich unvorhergesehene Begegnung mit Jesus sie zutiefst erschütterte – ein Hochgefühl, das ungeheuer tröstlich war und tiefe Freude brachte. Wir wurden von Staunen und Liebe förmlich mitgerissen. Wir waren geradezu vernarrt in Jesus, verliebt in die Liebe. Bei mir dauerte diese Erfahrung neun Jahre.

Dann, kurz nach der Ordination, wurde ich vom Erfolg überrannt. Applaus und Lob im Dienst erstickten in mir die Stimme des Geliebten. Ich war beliebt. Was für ein Schwindel erregendes

Gefühl, bewundert zu werden, eine gefragte Person zu sein! Als meine bedingungslose Bereitschaft, zu allem Ja zu sagen, zu- und die Nähe zu Jesus abnahm, versuchte ich mich damit zu rechtfertigen, dass dies der Preis sei, den ich für den schonungslosen Einsatz im Unternehmen des Königs zu zahlen hätte.

Jahre später verblasste der Ruhm und die Popularität nahm ab. Als Ablehnung und Versagen ihren ersten ungebetenen Auftritt hatten, war ich für die tiefe Verzweiflung geistlich nicht gewappnet. Einsamkeit und Trauer ergriffen meine Seele. Auf der Suche nach einer stimmungsverändernden Erfahrung löste ich den Korken. Mit meiner Veranlagung zum Alkoholismus wurde ich innerhalb von achtzehn Monaten zu einem wilden Trinker. Ich ließ den Schatz fahren und ergriff die Flucht vor dem geheiligten Leben.

Schließlich kam ich zur Behandlung in eine Klinik in Minnesota. Als sich der alkoholische Schleier lüftete, wurde mir klar, dass es nur einen Ort gab, an den ich gehen konnte. Ich sank nieder, wurde still und lauschte dem Herzschlag des Rabbis.

Ich kann nicht sagen, dass mir der auferstandene Jesus in den folgenden Jahren immer gegenwärtig gewesen wäre; mein Leben war keine ununterbrochene Spirale zur Heilung. Es gab Schläge und Rückschläge, Höhepunkte und Enttäuschungen, Zeiten großer Ängste und miserabler Selbstachtung. Die gute Nachricht ist, dass diese Phasen allmählich kürzer werden.

Warum erzähle ich das? Jeder, der in der Vorstellung gefangen ist, Gott wirke nur durch besonders heilige Menschen, soll dadurch ermutigt werden. Wer wie Petrus Jesus verraten hat: »Ehe der Hahn einmal kräht, wirst du mich dreimal verleugnen«, soll wie er Befreiung erfahren. Wer in Zynismus, Gleichgültigkeit oder Verzweiflung gefangen ist, soll Hoffnung haben.

Jesus ist derselbe, gestern, heute und in Ewigkeit (Hebräer 13,8). Wie er mit Petrus, Johannes und Maria Magdalena sprach, so spricht er heute mit uns.

Die Wiederentdeckung der Leidenschaft beginnt damit, dass wir wieder anfangen, den Wert unseres Schatzes zu würdigen. Sie setzt sich fort, wenn wir uns von dem Großen Rabbi an sein Herz ziehen lassen; und sie erfährt ihre Erfüllung in einer persönlichen Veränderung, von der wir selbst oft nicht einmal etwas merken.

Es ist dann kaum mehr überraschend, dass der Hochstapler schrumpft, wenn er erkennt, dass seine angeblichen Tugenden ohne Christus nichts anderes sind als besondere Laster.

8. Auf eigenen Füßen stehen

Nicht von Menschen abhängig sein

»Sieh dir einmal an, wie du dein leeres Leben mit Menschen gefüllt hast, so dass sie dich jetzt fast ersticken. Sieh, wie sie durch ihr Lob oder ihren Tadel dein Verhalten kontrollieren. Es liegt in ihrer Macht, mit ihrer Gesellschaft deine Einsamkeit zu lindern; ihr Lob hebt deine Stimmung, ihre Kritik und Ablehnung ziehen dich nach unten. Sieh dir einmal genau an, wie du fast jeden wachen Augenblick des Tages damit verbringst, Menschen zu gefallen oder sie zu beschwichtigen – Tote und Lebende. Du lebst nach ihren Normen, passt dich ihren Maßstäben an, suchst ihre Gesellschaft, verlangst nach ihrer Liebe, fürchtest ihren Spott, sehnst dich nach ihrem Applaus, nimmst bescheiden die Schuld auf dich, die sie dir zuschieben. Du hast einen Horror davor, nicht mit der Mode zu gehen, ob es um die Kleidung geht oder die Art, wie du redest, handelst oder sogar denkst. Und beobachte einmal, wie du, selbst da, wo du sie beherrschst, von ihnen abhängst und dich zu ihrem Sklaven machst! Die Menschen sind so sehr zu einem Teil von dir selbst geworden, dass du dir ein Leben, das nicht von ihnen beeinflusst oder bestimmt wird, gar nicht mehr vorstellen kannst.«[103]

Im Johannesevangelium heißt es von den vornehmen Juden, sie seien unfähig zu glauben, weil sie »Ehre voneinander« annehmen (5,44). *Die Ehre bei Menschen und ein authentischer Glaube an Jesus sind grundsätzlich unvereinbar*. Die Streicheleinheiten oder die Verachtung unserer Mitmenschen werden dann wichtiger als die Zustimmung Jesu.

Wie ich bereits erwähnt habe, ist die feige Weigerung, aus meinem wahren Ich heraus zu denken, zu fühlen, zu handeln, zu reagieren und zu leben, weil ich Angst davor habe, abgelehnt zu werden, die beherrschende Sünde meines Erwachsenenlebens. Nicht, dass ich nicht mehr an Jesus glaube. Das tue ich immer noch, aber äußere Zwänge setzen meinem Glauben Grenzen. Nicht, dass ich Jesus nicht mehr liebe. Ich tue es immer noch, aber manchmal liebe ich andere Dinge – vor allem mein blendendes Bild – noch mehr. Jede Grenze, die ich selbst meinem Glauben und meiner Liebe zu Jesus setze, führt aber zwangsläufig dazu, dass ich ihn in irgendeiner Weise verrate. Ich marschiere im Gleichschritt mit den verängstigten Aposteln: »Da verließen ihn alle Jünger und flohen« (Matthäus 26,56).

Die Meinung anderer Leute übt einen feinen, aber beherrschenden Druck aus und zwar nicht nur auf das, was ich sage, sondern auch auf das, was ich hinunterschlucke. Die Tyrannei meiner Mitmenschen hat einen Einfluss auf die Entscheidungen, die ich treffe, und auf jene, denen ich mich verweigere. Ich habe Angst vor dem, was die anderen wohl sagen könnten. Peter G. van Breeman hat diese Angst benannt:

»Diese Angst, uns lächerlich zu machen, lähmt uns weit wirksamer als ein frontaler Angriff oder eine deutliche und heftige Kritik. Wie viel Gutes bleibt ungetan, weil wir Angst haben vor der Meinung der anderen! Der Gedanke: ›Was werden die anderen sagen?‹ lähmt uns. Das Tragische daran ist, dass die Meinungen, vor denen wir uns am meisten fürchten, nicht einmal von den Leuten stammen, vor denen wir wirklich Achtung haben. Und doch haben gerade diese Leute einen größeren Einfluss auf unser Leben, als wir zugeben wollen. Diese entnervende Angst vor den anderen kann zu einer erschreckenden Mittelmäßigkeit führen.«[104]

Wenn wir endlich das Geheimnis, dass wir geliebt sind, begreifen und unsere Identität als Kind des Vaters annehmen, dann werden wir mit der Zeit frei von Beziehungen, die uns beherrschen wollen. Wir werden innengesteuert anstatt von außen bestimmt. Die flüchtigen Augenblicke von Freude oder Schmerz durch die Bestätigung oder Ablehnung anderer werden nie gänzlich verschwinden. Aber sie verlieren allmählich die Macht, uns in den Selbstverrat zu treiben.

Leidenschaft für Jesus ist kein Hochgefühl. Sie ist vielmehr eine von der Liebe genährte, stählerne Entschlossenheit, ganz in dem Bewusstsein verwurzelt zu bleiben, dass Christus auferstanden und jetzt gegenwärtig ist. Ich will mit aller Kraft daran festhalten, wer ich bin, und bin bereit, für meine Treue auch den Preis zu bezahlen. Mein wahres Ich wirklich zu besitzen, in einer Welt voller Stimmen, die sich dem Evangelium entgegenstellen, erfordert enormen Mut. In dieser Zeit voll leerem, frommem Geschwätz und trockener Bibelstudien, voll nichtiger intellektueller Neugier und angeblicher Wichtigkeit ist eine Intelligenz ohne Mut zu nichts nütze. Die Wahrheit des Glaubens hat nur wenig Wert, wenn sie nicht im Herzen lebendig ist. Antonius von Padua, ein Theologe des dreizehnten Jahrhunderts, begann jede Unterrichtsstunde mit dem Satz: »Welchen Wert hat ein Lernen, das nicht zur Liebe wird?«

Mit beißendem Spott machte sich Sören Kierkegaard über das Anhäufen von biblischem und theologischem Wissen zum Selbstzweck lustig. Wir seien gerissene Schwindler und täten so, als verstünden wir das Neue Testament nicht, weil wir sehr gut erkennen würden, dass wir unser ganzes Leben drastisch ändern müssten. Darum hätten wir eine religiöse Erziehung und die christliche Lehre erfunden. Noch eine Konkordanz, noch ein Lexikon, noch ein paar Kommentare, drei andere Übersetzungen, weil es alles so schwer zu verstehen sei. Natürlich wären wir alle – Kapitalisten, Beamte, Pfarrer, Hausbesitzer, Bettler, die gesamte Gesellschaft – verloren, wenn wir die wissenschaftliche Lehre nicht hätten![105]

Die eine große Leidenschaft im Leben Jesu war die Liebe zu seinem Vater. Er trug in seinem Herzen ein Geheimnis, das ihn groß und einsam machte.[106] Die Evangelien schildern uns in aller Deutlichkeit, was Jesus erleiden musste, um seiner Sendung treu zu bleiben – den Preis, den er für die Treue zu seiner Liebe, seiner Person und seinem Auftrag zahlen musste. Seine eigene Familie wollte ihn in Sicherheitsgewahrsam nehmen lassen, er wurde ein Fresser und Säufer genannt. Die religiös tonangebenden Leute meinten, er sei von Dämonen besessen. Zuschauer bedachten ihn mit schlimmen Namen. Er wurde von Menschen, die er liebte, verachtet. Man hielt ihn für einen Versager. Schließlich wurde er aus der Stadt getrieben und wie ein Verbrecher umgebracht.[107]

Der Anpassungsdruck, der in unserer Kultur besteht, nimmt uns den Mut zu dem, was Johannes Metz die »Armut der Einzigartigkeit« genannt hat. Auf dem Schreibtisch im Büro, in dem ich dieses Buch schreibe, steht ein Bild von Thomas Merton mit dem Satz: »Wenn du alles vergisst, was gesagt wurde, dann schlage ich dir vor, dass du dir wenigstens dies für die Zukunft merkst: *Ab jetzt steht jeder auf seinen eigenen beiden Füßen.*«

Die Armut der Einzigartigkeit – das ist der Ruf Jesu, ganz allein zu stehen, wenn die einzige Alternative darin bestünde, die eigene Integrität preiszugeben und faule Kompromisse zu schließen. Es ist das einsame Ja als Antwort auf das Flüstern des wahren Ichs, ein Festhalten an der eigenen Identität, wenn Unterstützung durch Freunde und eine Gemeinschaft ausbleibt. Es ist die mutige Entschlossenheit, wenn nötig auch unpopuläre Entscheidungen zu treffen, in denen zum Ausdruck kommt, wer wir wirklich sind – nicht wer wir meinen sein zu sollen oder wie jemand anderes uns haben möchte. Es heißt Jesus so sehr zu vertrauen, dass wir auch Fehler machen dürfen, und fest daran zu glauben, dass sein Leben dennoch weiter in uns pulsiert. Es ist die unartikulierte, aber alles verändernde Bereitschaft, mein wahres Ich ganz und ausschließlich in der Armut meiner eigenen, einzigartigen, geheimnisvollen Persönlichkeit zu suchen.

Im Namen der Vorsicht wäre es dem verängstigten Hochstapler lieber, wir würden unsere Identität und unseren Auftrag verraten, ganz gleich, worum es sich handeln mag – ob darum, mit einem

Freund die heftigen Stürme des Lebens durchzustehen; um Solidarität mit den Unterdrückten um den Preis, dass wir uns lächerlich machen; um die Weigerung, angesichts von Ungerechtigkeit den Mund zu halten; um die unerschütterliche Treue zum Ehepartner; um die Bitte, einsam in einer Winternacht zu wachen. Andere Stimmen rufen: »Mach keinen Aufstand. Sag, was alle anderen auch sagen. Tu, was sie tun. Bieg dein Gewissen so zurecht, dass es den gängigen Moden entspricht. Wenn du in Rom bist, verhalte dich wie die Römer. Du willst doch nicht, dass die Leute wegen dir die Brauen runzeln und dich als Trottel abtun. Pass dich an und richte dich ein. Du wirst sowieso überstimmt.«

Johannes Metz schreibt dazu: »So wird argumentiert und jeder in den Durchschnitt, in die gedankenlose Mittelmäßigkeit gedrängt, die von den Regeln, Konventionen und Schmeicheleien einer Gesellschaft verschleiert und geschützt wird, die für alles Tun eine Bestätigung sucht, sich aber in die Anonymität zurückzieht. Ja, mit einer solchen Anonymität riskiert sie alles und nichts! – außer einem echten, offenen, persönlichen Engagement. Doch wer den Preis der Armut nicht zahlen will, den ein solches Engagement nach sich zieht, der wird seinen Auftrag als Mensch nie erfüllen.«[108]

Jeder, der je für die Würde des Menschen aufgestanden ist, und dann feststellen musste, wie einstmals hilfsbereite Freunde sich zurückhielten oder uns sogar wegen unserer Kühnheit tadelten, spürt, in welche Einsamkeit diese Armut der Einzigartigkeit treiben kann. Wer sich dafür entschieden hat, für seine Stimme des Gewissens zu leiden, der erlebt das Tag für Tag, selbst in anscheinend kleinen Dingen. Er steht allein. Der Mensch, der an dieser Verantwortung Freude findet, muss mir erst noch begegnen!

Wie weit wir wirklich in der Gegenwart des auferstandenen Christus leben, lässt sich daran messen, wie weit wir fähig sind, für die Wahrheit aufzustehen und dabei auch die Missbilligung uns wichtiger Menschen zu ertragen. Wo das leidenschaftliche Engagement für die Wahrheit wächst, da nimmt aber auch die Gleichmütigkeit gegenüber der öffentlichen Meinung und dem, was »man« sagt oder denkt, zu. Wir können nicht mehr länger mit dem Strom schwimmen oder die Ansichten anderer wiederholen. Die innere Stimme: »Sei getrost. Ich bin's. Fürchte dich nicht!«, versichert uns, dass unsere Sicherheit gerade darin besteht, keine Sicherheit zu haben. Wenn wir auf unseren eigenen beiden Füßen stehen und die Verantwortung für unser einzigartiges Ich selbst übernehmen, dann wachsen wir in unserer persönlichen Unabhängigkeit und unserem Mut, wir werden frei und sind nicht länger an menschliche Anerkennung gebunden.

Sein oder Tun

In den vergangenen zwanzig Jahren wurde von Psychologie wie Religion nachdrücklich betont, dass das *Sein* wichtiger sei als das *Tun*. »Nicht auf das, was du tust, kommt es an, sondern darauf, wer du *bist*.« In dieser Aussage ist sicher ein wahres Element – wer wir in Gott sind, ist tatsächlich von ganz wesentlicher Bedeutung. Wer man *ist*, durchdringt alles, was man tut oder sagt oder welche Charakterzüge und Eigenschaften man *hat*.[109]

In frommen Kreisen wenden wir uns gegen die Irrlehre von der Rechtfertigung des Sünders durch die Werke und die endlose Wiederholung leerer liturgischer Formeln, die das Verderben jedes echten Glaubens sind. Wir wurden gewarnt, uns nicht so sehr mit unserer Arbeit oder unserem Amt zu identifizieren, weil wir uns sonst in Alter oder Krankheit oder nach der Pensionierung wertlos und nutzlos fühlen und plötzlich keine Ahnung mehr haben könnten, wer wir sind. Wir kritisieren Frömmigkeit, wenn sie Heilung mit guten Werken gleichsetzt. Wir wissen, dass die

Ehrungen, die in der Gemeinde verteilt oder vorenthalten werden, oft auf zweifelhaften Leistungen basieren.

Auch hier ist ohne Zweifel etwas Wahres dran. Der Hang, sich ein Selbstbild zu basteln, das auf frommen Taten beruht, führt leicht zur Illusion von der eigenen Gerechtigkeit. Wenn unser Selbstwertgefühl an irgendeine besondere Aufgabe gekoppelt ist – dass wir zum Beispiel in einer Suppenküche helfen, das Umweltbewusstsein fördern oder einen Hauskreis leiten –, dann haben wir einen funktionalen Lebensansatz, wir sind das, was wir »Frommes« leisten, unsere Arbeit wird zu einem zentralen Wert.

Auch wenn ich die Wahrheit des soeben Gesagten nicht leugnen will, möchte ich betonen: *Was wir tun, kann viel entscheidender sein und das, was wir in Christus sind, viel deutlicher zum Ausdruck bringen als irgendetwas anderes.* Ich meine nicht, dass wir Fleißpunkte sammeln sollten, um uns durch gezielte Anstrengungen einen Platz beim himmlischen Festmahl zu verdienen. Aber wer wir sind, können wir auch durch die raffinierteste therapeutische Untersuchung unserer Psyche nicht letztgültig feststellen. Deshalb schreibt Johannes: »Meine Kinder, lasst uns nicht lieben mit Worten noch mit der Zunge, sondern mit der Tat und mit der Wahrheit« (1. Johannes 3,18).

Der Glaube sagt, wir seien die geliebten Kinder des Vaters. Der Glaube überzeugt uns von der Gegenwart des auferstandenen Christus. Aber: »In der Religion lauert immer die Angst, dass wir die Geschichte von der Liebe Gottes erfunden haben.«[110] Echter Glaube führt dazu, dass wir die Liebe Gottes erkennen und die Angst verlieren. Das wird uns verändern und auch unsere Taten prägen.

Nehmen wir einmal an, Sie hätten eine ausgeprägte Abneigung gegen den Gebrauchtwagenhändler, der Ihnen in vollem Wissen ein Schrottauto verkauft hat. Sie erfahren, dass er im Krankenhaus liegt und sich von den Folgen eines Herzanfalls erholt. Sie rufen seine Frau an und sagen ihr, dass Sie für sie beten. Dann besuchen Sie den Händler im Krankenhaus und legen ihm eine Karte und eine Tüte mit selbstgebackenen Plätzchen auf den Nachttisch. Sie mögen ihn immer noch nicht und lehnen seine schäbigen Geschäftspraktiken ab. Warum aber sollten Sie sich am Abend, wenn Sie sich ins Bett legen, länger bei Ihrer Abneigung und Missbilligung aufhalten als daran, dass Sie tatsächlich eine erstaunlich gute Tat getan haben – unabhängig von Ihren augenblicklichen Gefühlen? In diesem Fall war das, was Sie *getan* haben, wichtiger als das, was Sie *sind*.

»Was wir tun, kann viel mehr der Situation entsprechen und viel wichtiger sein als das, was innerlich in uns vorgeht. Und es kann für unser Sein in Gott von größerer Bedeutung sein, weil es Gottes Willen ausdrückt, auch wenn wir das, was wir tun, vielleicht nicht einmal als unseren eigenen Willen bezeichnen würden.«[111]

Man könnte dagegen einwenden: »Ist es nicht falsch und heuchlerisch, den Autoverkäufer im Krankenhaus zu besuchen?« Aber ich behaupte, es ist der Triumph des Tuns über das Sein. Als Jesus sagte: »Liebet eure Feinde und tut wohl denen, die euch hassen«, da hat er wohl nicht gemeint, dass wir sie abknutschen sollen.

Wenn wir Taten der Liebe durch theoretische Überlegungen ersetzen, halten wir das Leben selbst auf Distanz. Das ist die Schattenseite, wenn das *Sein* wichtiger sein soll als das *Tun*. Und ist nicht genau das der Vorwurf, den Jesus gegen die fromme Elite seiner Tage erhob?

Das christliche Engagement ist nicht abstrakt. Es ist konkret, sichtbar, mutig, ein ernst zu nehmender Lebensstil, der sich in den täglichen Entscheidungen immer wieder neu an der inneren Wahrheit orientiert. Ein Engagement, das nicht in demütigem Dienen, opferbereitem Nachfolgen und schöpferischer Liebe sichtbar wird, bleibt eine Illusion. Jesus Christus ist ungeduldig mit Illusionen, und die Welt hat kein Interesse an theoretischen

Ansichten. »Wer meine Worte hört und nicht danach handelt, ist wie ein unvernünftiger Mann, der sein Haus auf Sand baute« (Matthäus 7,26). Wenn wir uns davor drücken, ist unser geistliches Leben nicht mehr als eine *Illusion*.

Wer redet, vor allem wenn er mit Gott redet, kann eine Menge bewirken. Aber wer etwas tut, der beweist, dass es ihm wirklich ernst ist. Wer wissen will, was ein Mensch wirklich glaubt, der sollte nicht nur auf das hören, was er sagt, sondern auch genau beobachten, was er tut.

Einmal verkündete Jesus, er sei nicht gekommen, die Gerechten zu rufen, sondern die Sünder. Dann brach er das Brot mit einem notorischen Betrüger, Zachäus. In der Tischgemeinschaft zeigte er seine Liebe zum Vater, dessen unterschiedslose Liebe den Regen auf Ehrliche wie Unehrliche gleichermaßen fallen lässt. Das Einbeziehen von Sündern in das gemeinsame Mahl ist ein ergreifendes Zeichen für die barmherzige Liebe des vergebenden Gottes.

Jesus unterstrich seine Worte mit Taten. Er ließ sich von Autoritätspersonen nicht einschüchtern. Die Klagen der Menge, er breche das Gesetz, wenn er das Haus eines Sünders betrete, ließen ihn offensichtlich unbeeindruckt. Jesus durchbrach die Tradition, wenn die Liebe zu einem Menschen es nötig machte.

Nur widerstrebend fanden sich die Pharisäer bereit, Jesu Unbestechlichkeit anzuerkennen: »Meister, wir wissen, dass du immer die Wahrheit sagst und dabei auf niemand Rücksicht nimmst; denn du siehst nicht auf die Person, sondern lehrst wirklich den Weg Gottes« (Markus 12,14). Obwohl sie ihm damit eine Falle stellen wollten, zeigt dieses Eingeständnis doch etwas von der Wirkung, die Jesus auf seine Zuhörer hatte. Ein Leben der Wahrhaftigkeit verfehlt selbst bei den Zynikern seine Wirkung nicht.

Ja, dieser Mann war wirklich ein Rabbi wie kein anderer in Israel. Wahrscheinlich hat er nie bei einem großen Lehrer gelernt;

er hatte keinen Titel. Er war ein Laie, ein galiläischer Handwerker, aber sein Wort war voll mächtiger Autorität. Sein Sein und sein Tun waren eine Einheit.

Lebensstil des Dienens

Bei einer anderen Gelegenheit sagte Jesus: »Der Menschensohn ist nicht gekommen, um sich dienen zu lassen, sondern um zu dienen« (Markus 10,45). Am Vorabend seines Todes legte Jesus sein Obergewand ab, band sich ein Handtuch um die Taille, goss Wasser in ein Kupferbecken und wusch seinen Jüngern die Füße. Das war eine typische Sklavenarbeit.

Jesus offenbarte sich nicht nur in seiner Verkündigung, sondern auch, und vielleicht vor allem, in dem, was er *tat*. Dass das Wort Fleisch wurde, dass Jesus Knechtsgestalt annahm und den Jüngern die Füße wusch, offenbart etwas von der tiefen Liebe Gottes.

Jesus sagt, wenn er von seiner Wiederkunft in Herrlichkeit am Ende der Zeit spricht: »Selig sind die Knechte, die der Herr, wenn er kommt, wachend findet. Wahrlich, ich sage euch: *Er wird sich schürzen und wird sie zu Tisch bitten und kommen und ihnen dienen*« (Lukas 12,37; Hervorh. B. M.).

Johannes malt uns ein ungewohntes Bild Jesu vor Augen, das alle bisherigen Vorstellungen über den Haufen wirft, wer der Messias ist und worum es bei der Nachfolge geht. Was für eine skandalöse und nie dagewesene Umkehrung der Werte dieser Welt! Lieber ein Diener zu sein anstatt der Herr des Hauses – das ist der Weg nach unten in einer Kultur, die nur vom Aufstieg redet. Die Götzen Prestige, Ehre und Anerkennung zu verschmähen, sich selbst nicht mehr tierisch ernst zu nehmen und auch nicht die anderen, die sich unbedingt so ernst nehmen müssen, zur Melodie eines anderen Drummers zu tanzen und freiwillig den Lebensstil eines Dieners anzunehmen – das ist die Haltung, die von authentischer Nachfolge zeugt.

Das Bild, das Johannes von Jesus zeichnet, lässt keinen Raum für romantischen Idealismus oder Sentimentalität. Diener sein ist kein Gefühl, keine rührselige Stimmung – es ist die Entscheidung, so zu leben wie Jesus. Dienen hat nichts mit dem zu tun, was wir empfinden, aber alles damit, was wir *tun*. Gehorsam auf Jesus hören heißt, dem Herzschlag des Rabbis zu lauschen: »Wenn nun ich, euer Herr und Meister, euch die Füße gewaschen habe, so sollt auch ihr euch untereinander die Füße waschen« (Johannes 13,14).

Wo das Sein vom Tun getrennt wird, da wird das Waschen schmutziger Füße bald durch fromme Gedanken ersetzt.

Der Ruf zu einem Lebensstil des Dienens ist sowohl Warnung, sich nicht von den weltlichen Maßstäben menschlicher Größe verführen zu lassen, wie auch Aufforderung zu mutigem Glauben. Wenn wir uns in die Erfahrung der Fußwaschung mit hineinnehmen lassen, spricht Jesus uns direkt an. Er verlangt unsere völlige Aufmerksamkeit, er blickt uns in die Augen und behauptet: »Wenn du wissen willst, wie Gott ist, dann sieh mich an. Wenn du erfahren willst, dass dein Gott nicht gekommen ist, um zu herrschen, sondern um zu dienen, dann beobachte mich. Wenn du Gewissheit willst, dass du die Geschichte von Gottes Liebe nicht erfunden hast, dann hör auf meinen Herzschlag.«

Diese verblüffende und unerbittliche Behauptung bleibt die zentrale Aussage, mit der wir klarkommen müssen. Niemand kann für uns sprechen. Die ernsten Konsequenzen, die das Bekenntnis »Jesus ist Herr« haben kann, verraten etwas von dem Preis der Nachfolge, vom Vertrauen und davon, wie unersetzlich wichtig der Mut ist. Unser Glaube an den menschgewordenen Gott – dieses große Geheimnis, dass Gott den Vorhang der Ewigkeit zur Seite gezogen hat und in dem Menschen Jesus in die Geschichte der Menschheit gekommen ist – hängt in der Luft, wenn wir dabei den Knecht ausklammern, der vor dem Abendmahl vor seinen Jüngern auf die Knie ging.

Wenn ich von den Stürmen des Lebens gebeutelt werde und feststelle, wie mein Glaube ins Wanken gerät und der Mut mich verlässt, dann schlage ich oft Matthäus 14,22-33 auf. Jesus sieht, wie die Jünger von einem Sturm überrascht werden. Es ist zwischen drei und sechs Uhr morgens. Er geht über das Wasser zu ihnen. Vor Angst sind sie wie erstarrt. »Es ist ein Gespenst!«, rufen sie entsetzt. Er aber sagt: »Habt Vertrauen, ich bin es; fürchtet euch nicht!«

Petrus, alles andere als zaghaft, beschließt, der Sache auf den Grund zu gehen. »Herr, wenn du es bist, so befiehl, dass ich auf dem Wasser zu dir komme.« Der mutige Glauben verwandelt sich schnell in blanke Angst, als er tatsächlich beginnt, auf Jesus zuzugehen, und auf das tiefe Wasser blickt.

Ich finde es tröstlich und empfinde ein diebisches Vergnügen, zu sehen, wie der Fels, auf den Jesus seine Kirche bauen wird, wie ein Stein versank.

Keine Angst vor dem Ende der Welt

Diese letzten Jahre unseres Jahrtausends lösen wie schon die Zeit vor dem Jahr 1500 apokalyptische Ängste aus. Angesichts der nahenden Jahrtausendwende tun sich die messianischen Erbsenzähler mit den apokalyptischen Schwarzsehern zusammen, um das bevorstehende Ende der Welt vorherzusagen. Sie setzen auf Katastrophen wie den Völkermord in Jugoslawien oder die großen Überschwemmungen in den verschiedenen Teilen der Welt. Sie versuchen, Symbole aus der Offenbarung mit bestimmten historischen Ereignissen in Zusammenhang zu bringen, und prophezeien dann, unser globales Dorf torkele am Rande des Abgrunds entlang und das Abenteuer Menschheit sei bald vorüber.

Die Erbsenzähler und die Schwarzseher mögen mit ihrem schrecklichen Ultimatum Recht behalten – nämlich dass die Geschichte der Menschheit bald zu einem Ende kommt und ihre Auslöschung bevorsteht. Die Übel der heutigen Generation können tatsächlich als Zeichen für das letzte Eingreifen Gottes gedeutet werden, mit dem er in Zerstörung und Triumph die letzten Tage dieser Welt vorbereitet. Andererseits können sie völlig danebenliegen, hat doch Jesus selbst erklärt, er wisse weder Tag noch Stunde (Matthäus 24,36).

Der Gedanke an den Weltuntergang übt eine gewisse Faszination auf den Menschen aus. Immer wieder sehen wir Gruppen, die über die Gräber aller früheren Prophezeiungen hinweg das Ende der Welt vorhersagen. Symbole wie auch die in der Offenbarung des Johannes verleiten immer wieder zu Fehldeutungen, und die überladenen Bilder der Apokalypse bieten sich vielleicht mehr als andere für eine buchstabengetreue Interpretation an, mit der wir schnell bei reiner Spekulation landen.

Falsche Propheten, die mit der Angst der Menschen spielen, treiben viele zu hektischen Pilgerzügen und verursachen Panik. Doch wenn wir dem Herzschlag des Rabbi lauschen, dann hören wir ein Wort der Beruhigung: »Ich habe euch alles vorhergesagt. Psst! Seid still. Ich bin hier. Es ist alles gut.«

Jesus fordert uns nicht zu endzeitlicher Hektik und Gedanken an den Untergang auf, sondern sagt, wir sollten wach und aufmerksam sein. Wir sollen dem Unheilspropheten und dem Talkshow-Moderator aus dem Weg gehen, wenn sie im Vorzimmer der Apokalypse ihre feierliche Fernsehübertragung durchführen. Wir sollen gerecht handeln, zärtlich lieben und in Demut vor unserem Gott leben (Micha 6,8). Wir sollen uns jeden Tag darauf berufen, dass wir geliebt sind, und als Diener in dem Bewusstsein leben, dass Jesus auferstanden und gegenwärtig ist. Wir achten nicht auf die selbsternannten Seher, die die Treue anderer für ihre eigennützigen Zwecke benutzen.

»Die einzig richtige und angemessene Antwort auf die Frage, die zur Zeit Jesu von allen Seiten gestellt wurde und die auch die Jünger im Neuen Testament an Jesus stellen: ›Herr, wann wird das Ende kommen und was sind die Zeichen?‹, lautet deshalb: Macht euch über diese Dinge keine Gedanken, sondern lebt ein normales Christenleben, in Übereinstimmung mit der Praxis des Himmelreiches, dann kann euch nichts und niemand unerwartet treffen, außer der befreienden Herrschaft Gottes selbst ... Es kommt nicht darauf an, ob du auf dem Feld arbeitest oder Korn mahlst, ob du ein Priester bist oder ein Professor, ein Koch oder ein Gepäckträger oder ein alter Rentner. Worauf es ankommt, das ist, wie dein Leben aussieht, wenn du es gegen das Licht des Evangeliums Gottes hältst, dessen Wesen Liebe zu allen Menschenkindern ist.«[112]

Dem eigenen Tod nicht ausweichen

Obwohl wir uns häufig für rational und aufgeklärt halten, gehen viele Menschen mit dem *Wissen um den eigenen Tod* völlig irrational um. Sicher, mit dem Verstand zweifelt niemand an der Unausweichlichkeit des eigenen Sterbens. Das stumme Zeugnis unserer Vorfahren belegt, dass es auch uns einmal treffen wird. Dennoch findet man auch unter Christen nur selten ein echtes Bewusstsein für die eigene Sterblichkeit. Für einige liegt der Glaube an die Wissenschaft wie ein Schleier zwischen der gegenwärtigen Wirklichkeit und der Ewigkeit – der Tod ist einfach die letzte Krankheit, die von der Medizin noch besiegt werden muss. Andere können sich in dem wiederfinden, was ein Arzt in einer Medizinzeitschrift äußerte: »Meiner Meinung nach ist der Tod eine Beleidigung, das Dümmste und Hässlichste, was einem Menschen je passieren kann.«[113] Der Tod ist eine brutale, unerwünschte Unterbrechung, die man am besten ignoriert.

Für andere ist der Gedanke an die Trennung von einem geliebten Menschen so schmerzhaft, dass sie ihn am liebsten gar nicht in Erwägung ziehen. Für die meisten gilt aber wohl, dass der hektische Lebensstil und die Forderungen des Augenblicks, die sofort befriedigt werden wollen, uns gar keine Zeit lassen, ernsthaft darüber nachzudenken, woher wir kommen und wohin wir gehen, außer vielleicht einmal bei einer Beerdigung.

Benedikt, der Begründer des christlichen Mönchtums, rät uns ganz nüchtern, täglich zu bedenken, dass wir sterben müssen. Das ist kein Ruf zu krankhaftem Verhalten, sondern ein Aufruf zum Glauben und zur Standhaftigkeit. Solange wir uns nicht mit dieser wichtigsten Frage des Lebens auseinander setzen, ist unsere Spiritualität kaum der Rede wert.

Ich selbst schwanke hin und her zwischen der Angst vor und der Freude auf den Tod. Am meisten Angst habe ich dann, wenn ich mich vor dem Leben fürchte. Wenn mir bewusst ist, dass ich geliebt bin und der auferstandene Jesus auch jetzt bei mir ist, dann kann ich dem Tod mutig ins Auge sehen. Dann mache ich mir auch Paulus' Ausspruch zu Eigen, dass mein Leben in Christus liegt und Sterben ein Gewinn für mich ist (Philipper 1,21). Ohne Angst kann ich eingestehen, dass die echte Spannung für den Christen nicht zwischen Leben und Tod besteht, sondern zwischen Leben und »Leben«. Frohgemut bejahe ich, was der Große Rabbi am Vorabend seines Todes sagte: »Ich lebe, und ihr sollt auch leben« (Johannes 14,19). Und wenn er mich schweigend an sein Herz zieht, dann kann ich auch die Angst akzeptieren, ich könnte im Tod völlig preisgegeben werden.

Aber wenn finstere Nacht um mich ist und der Hochstapler Amok läuft; wenn ich daran denke, wie gut ich doch eigentlich bin und wie wichtig; wie gut es mir tut, von anderen bestätigt zu werden, und wie bemerkenswert es doch ist, dass ich bei dieser frommen Sache mitmische; wie sehr ich mir ein paar exotische Ferienwochen verdient habe; wie stolz meine Familie auf mich ist und wie toll die Aussichten für die Zukunft sind – dann schließen mich auf einmal die Gedanken an den Tod ein wie Nebel. Dann bekomme ich Angst. Ich weiß, dass hinter all meinen frommen Worten und Gesprächen über die Auferstehung ein sehr ängstlicher Mensch hockt. Ich habe mich von meinen hochfliegenden Träumereien hinreißen lassen, aber in Wirklichkeit bin ich allein und einsam. Ich habe mich in die Einbildung geflüchtet, unbesiegbar zu sein, wie jemand, der aus einer geschlossenen Anstalt ausgerissen ist.

Wenn ich nur noch einen Tag zu leben hätte

Nehmen wir einmal an, ein berühmter Arzt, der unsere Krankengeschichte genau kennt, eröffnet uns, wir hätten nur noch vierundzwanzig Stunden zu leben. Wir konsultieren einen zweiten, der aber die erste Meinung bestätigt. Ein Dritter stimmt mit den beiden ersten überein. Jetzt können wir diesem Wissen nicht mehr ausweichen. Wenn wir nun die Schritte des Sensenmannes hören, verändert sich unsere Wahrnehmung der Realität ganz drastisch. Während uns die kostbare Zeit zwischen den Fingern zerrinnt wie der Sand in einem Stundenglas, lassen wir schnell alles los, was unwesentlich und unwichtig ist, und konzentrieren uns nur noch auf die wirklich wichtigen Dinge. Wie es Samuel Johnson einmal drastisch ausdrückte: »Die Aussicht, an den Galgen zu kommen, hilft dem Menschen wunderbar, sich zu konzentrieren.« Auch wenn unsere erste Reaktion vielleicht blanke Panik ist, erkennen wir bald, dass wir mit Weinen nur kostbare Zeit vergeuden.

In einem ihrer Romane schildert Iris Murdoch einen Mann in einer Grenzsituation. Die Zeit läuft ihm davon. Er ist in einer Höhle eingeschlossen und steht schon bis zur Taille im Wasser. Bald wird die gesamte Höhle überflutet sein. Er denkt: »Wenn ich hier je wieder rauskomme, will ich keinen Menschen mehr verurteilen ... nicht richten, nicht überheblich sein, keine Macht ausüben ... Lieben und versöhnen und vergeben, das ist alles, worauf es ankommt. Alle Macht ist Sünde, und alle Gesetze sind nur Schwäche. Die Liebe ist der einzige Richter. Vergebung, Versöhnung, nicht das Gesetz.«[114]

Den Tod zu leugnen, ist für den Jünger Jesu keine Lösung. Auch Pessimismus angesichts der heutigen Probleme ist nicht angebracht. Die Veränderung unserer Prioritäten, wenn wir wissen, dass wir nur noch vierundzwanzig Stunden zu leben haben, ist nicht nur Resignation und ein Sich-Schicken in das, was nicht zu ändern ist. Das trotzige *Nein*, das ich am Ende meines Lebens der Verzweiflung entgegenschleudere, wird genährt von der Hoffnung auf die unbesiegbare Macht des auferstandenen Christus (Epheser 1,19).

Tod und Leben können uns nicht einschüchtern. Müssten wir uns allein auf unsere eigenen schäbigen Mittel verlassen, dann wären wir tatsächlich die bedauernswertesten Geschöpfe. Doch der Glaube an den auferstandenen und gegenwärtigen Christus überzeugt uns, dass wir von einem Leben gehalten und getragen werden, das größer ist als unser eigenes. Hoffnung heißt: Wenn wir uns Christus anvertrauen, dann können wir in ihm dem Bösen mutig entgegentreten. Wir können zugeben, dass wir immer wieder neu verwandelt werden müssen; wir können die Lieblosigkeit der anderen und die ganze Last der Sünde in der Welt und in uns selbst akzeptieren. Und damit können wir dem Tod genauso begegnen wie dem Leben und uns der riesigen Aufgabe stellen, die Paulus als ein »Töten der bösen Begierden« beschreibt (Kolosser 3,5).

Der Christus in uns, der unsere Hoffnung der Herrlichkeit ist, ist kein Gegenstand theologischer Debatten oder philosophischer Spekulationen. Er ist kein Hobby, keine Teilzeitbeschäftigung, kein gutes Thema für ein Buch oder der letzte Ausweg, wenn sonst nichts mehr hilft. Er ist unser Leben. Er ist das Wirklichste, was es an uns gibt. Er ist die Macht und die Weisheit Gottes, die in uns wohnt.

William Johnston ist ein weiser, alter Lehrer an der Sophia-Universität in Tokio. In einem Brief an einen jungen Kollegen, der ein Gebetszentrum eröffnen wollte, schrieb er: »Verbanne nie den Gedanken an den Tod aus deinem Bewusstsein.«[115] Für all die mutigen Menschen, die von den Illusionen lassen und ein mutiges Leben führen wollen, möchte ich hinzufügen: »Verbanne nie das Wissen um den gegenwärtigen Auferstandenen aus deinem Bewusstsein, und wenn du dieses Kapitel gelesen hast, lausche einmal einen Augenblick lang auf den Herzschlag des Rabbis.«

9. Der Herzschlag des Rabbis

In Jesus die Liebe des Vaters sehen

Die bedingungslose Liebe Gottes ist das Leitmotiv unzähliger Bücher, Artikel, Predigten und Konferenzen. Hinweise auf seine grenzenlose Liebe, die keine Einschränkungen, keine Vorsicht und keine Bruchstellen kennt, fehlen weder am Tisch des gläubigen Psychiaters noch auf der Kanzel oder im theologischen Seminar. Um nur ein paar wenige Beispiele zu zitieren:

»Die Liebe Gottes ist keine milde Wohltat, sondern ein verzehrendes Feuer.« (Bede Griffiths)

»Gottes Liebe ist nicht an Bedingungen geknüpft. Wir können nichts tun, um sie zu verdienen – deshalb wird sie auch Gnade genannt –, und wir müssen nichts tun, um sie auszulösen. Sie ist bereits da.« (Beatrice Bruteau)

»Einer der Schlüssel zu einer echten religiösen Erfahrung ist die schlagende Erkenntnis, dass wir, egal wie hassenswert wir uns selbst vorkommen, für Gott nicht hassenswert sind. Diese Erkenntnis hilft uns, den Unterschied zwischen unserer und seiner Liebe zu begreifen. Unsere Liebe ist ein Bedürfnis, seine ein Geschenk.« (Thomas Merton)

Jesus selbst sagt über die Liebe des Vaters (nachzulesen im Johannesevangelium[116]):
- »Es gibt keine größere Liebe, als wenn einer sein Leben für seine Freunde hingibt.«
- »Ich sage euch nicht, dass ich den Vater für euch bitten will; denn er selbst, der Vater, hat euch lieb.«
- »Ich will euch nicht als Waisen zurücklassen.«
- »Wer mich liebt, der wird von meinem Vater geliebt werden, und ich werde ihn lieben und mich ihm offenbaren.«

– »Ich werde euch wiedersehen; dann wird euer Herz sich freuen.«

Die Reaktionen auf diese erstaunlichen Offenbarungen gehen weit auseinander. Einer hört die Worte: »Gott liebt dich, wie du bist, und nicht, wie du sein solltest« und sagt: »Das ist eine gefährliche Lehre. Sie fördert die Selbstgefälligkeit und führt zu moralischer Faulheit und geistlicher Lauheit.«

Ein zweiter erwidert: »Ja, Gott liebt mich, wie ich bin, aber er liebt mich so sehr, dass er mich nicht so lassen will.«

Eine dritte Reaktion ist die des distanzierten religiösen Schwätzers, der auf Jesu Selbstenthüllung mit einem »sehr interessant« antwortet.

Eine vierte Reaktion ist eher zynischer Art: »Das sind doch alles nur Worte, leeres Geschwätz.« Der Zyniker entlarvt alles. Es gibt für ihn nichts Wahres, Gutes oder Schönes unter der Sonne. In Wirklichkeit ist der Zyniker jedoch ein verletzter Gefühlsmensch, der nun sein Innerstes nach außen kehrt. »Es gibt keinen Weihnachtsmann.« »Ich werde keinem Menschen mehr vertrauen.« »Ich wusste nicht, was Liebe ist, bis ich geheiratet habe – dann war es zu spät.« Ein Vater, der schon seit Jahren kein Verhältnis mehr zu seinen drei Söhnen hatte, wurde gefragt, wie er Kinder möge. »Gebraten!«, antwortete er.

In der sexuellen Liebe sieht der Zyniker nur den Trieb, hinter Opfer und Hingabe Schuldgefühle, in der Nächstenliebe Herablassung, in politischem Können Manipulation, hinter geistigen Fähigkeiten Berechnung, in Friedfertigkeit Langeweile, in Nachbarschaftshilfe Selbstsucht, in Freundschaft Opportunismus. Die Lebhaftigkeit älterer Leute hält er für bemitleidenswert, der Überschwang der Jugend für ein Zeichen von Unreife, und die Stetigkeit der mittleren Generation für eine Folge von Langeweile.[117] Und doch lebt auch im desillusioniertesten Zyniker ein schmerzliches Verlangen nach etwas Wahrem, Gutem oder Schönem.

Schließlich kommen wir zu den ernsthaften Jüngern, die zwar

aufmerksam auf das Wort Gottes hören, davon aber merkwürdig unberührt bleiben. Die Worte sagen ihnen zwar etwas *über* Gott, führen aber nicht dazu, dass sie Gott kennen lernen. »Die Gedanken und Worte sind schön und regen zum Nachdenken an«, entgegnen sie. Ihr Problem ist, dass sie dabei stehen bleiben. An die Stelle eines entschiedenen Engagements tritt die endlose verstandesmäßige Analyse. Die Worte beschäftigen ihren Verstand, aber mit dem Herzen sind sie anderswo.

Der wache Verstand jedoch, der von der Wahrheit erleuchtet wird, führt zu einem wachen Leben. Das wache Herz, das von der Liebe angerührt wird, weckt die leidenschaftliche Hingabe. Diese tiefe Kraft der Seele ist keine Trance oder Ekstase, kein Hochgefühl und keine sanguinische Einstellung zum Leben. Sie ist ein heftiges Verlangen nach Gott und der durch nichts zu erschütternde Entschluss, daraus zu leben, dass wir geliebt sind.

Die Liebe Christi (nicht unsere Liebe zu ihm, sondern seine Liebe zu uns) treibt uns an. Wo Herz und Verstand übereinstimmen, da entsteht eine ganzheitliche Persönlichkeit, die in einem Zustand *leidenschaftlicher Klarheit* lebt.

Das Herz, das sich nicht anrühren lässt, ist eines der dunklen Geheimnisse der menschlichen Existenz. Leidenschaftslos schlägt es in teilnahmslosen Menschen, die ihre Talente nicht nutzen und ihre Hoffnungen begraben haben. Diese Menschen sterben, bevor sie gelernt haben zu leben.

Da werden Jahre mit nutzlosem Bedauern vergeudet, Energien an Zufallsbekannte und -projekte verschenkt. Gefühle stumpfen ab, man steht allem, was der Tag bringen mag, passiv gegenüber und verhält sich wie der schnarchende Schläfer, der nicht möchte, dass man seinen Frieden stört. Hinter der Unfähigkeit, sich für irgendetwas oder irgendjemanden zu engagieren, verbirgt sich ein tiefes Misstrauen gegenüber Gott, der Welt und sogar sich selbst.

Klarheit über sich selbst gewinnt man paradoxerweise nicht durch die Selbstanalyse, sondern durch einen Schritt des Glaubens. Nach Viktor Frankl findet der Mensch seine Identität nur in dem Maße, wie »er sich an etwas hingibt, das über ihn hinausweist, eine Sache, die größer ist als er selbst«[118]. Der Sinn unseres Lebens wird uns dann klar, wenn wir uns auf das Abenteuer einlassen, der Mensch zu werden, der wir noch nicht sind.

Die eigenen Abgründe sehen

Zu dieser Klarheit gehört auch die Einsicht in die eigenen Abgründe. Erst dann können wir verstehen, warum dem Neuen Testament die Sündenvergebung so zentral wichtig ist. Sebastian Moore gab einmal das erstaunliche Bekenntnis ab: »Ich habe dreißig Jahre gebraucht, um zu verstehen, dass Sündenerkenntnis und Sündenvergebung die Hauptbotschaft des Neuen Testaments ausmacht.«

Ehe wir ihn für verrückt erklären, sollten wir sorgfältig überprüfen, was wir selbst von Sünde und Vergebung wissen. Wie weit sind wir wirklich mit Gott und uns selbst versöhnt, und wie weit wagen wir es, jeden Tag tatsächlich als ein Mensch zu leben, dem vergeben wurde?

Den meisten Menschen fällt es nicht schwer, ein allgemeines Bekenntnis ihrer Sündhaftigkeit abzulegen – alle Menschen sind Sünder, ich bin ein Mensch, also bin ich ein Sünder. Eine flüchtige Gewissensprüfung offenbart ein paar kleinere Gesetzesübertretungen oder was man im katholischen Sprachgebrauch die »lässlichen Sünden« nennt. Ein solch vages Eingeständnis der eigenen Fehlerhaftigkeit halten wir für notwendig, um uns für die Aufnahme in die Gemeinschaft der Erlösten zu qualifizieren. Doch erlöst wovon?

Wenn wir meinen, Mutter Teresa sei keine Sünderin gewesen, zeigen wir damit ein oberflächliches Verständnis von der Bosheit und Gottesferne, die in jedem Menschen lauert. Durch ihre beeindruckenden Werke der Nächstenliebe lassen wir uns darüber hinwegtäuschen, dass Mutter Teresa innerlich genauso arm war wie wir. Wir eifern ihrer opferbereiten Liebe nach, wenn auch nur im Kleinen, und wiegen uns dann im falschen Gefühl der Sicherheit, dass wir heute nichts zu bereuen hätten. Dabei bekannte die kleine Heilige demütig, sie selbst sei nichts und brauche Gott. Wir aber haben das insgeheim unter falscher Demut eingeordnet.

Paul Claudel hat einmal gesagt, die größte Sünde sei es, das Gefühl für die Sünde zu verlieren. Wenn Sünde nur eine Verirrung ist, die durch grausame soziale Strukturen, Umstände, Umwelt, Temperament, Zwänge oder Erziehung verursacht wird, dann werden wir zwar unseren sündigen Zustand eingestehen, aber leugnen, dass wir selbst Sünder sind. Wir sehen uns als im Grunde ganz nette, gutmütige Menschen mit kleineren Komplexen und Neurosen, unter denen aber eigentlich alle leiden. Wir rechtfertigen oder verharmlosen unsere erschreckende Fähigkeit, uns mit dem Bösen zu arrangieren, und weisen damit alles von uns, was vielleicht nicht so nett ist.

Das Wesen der Sünde liegt jedoch in dem ungeheuren Egoismus, mit dem wir unsere radikale Abhängigkeit leugnen und die Allmacht Gottes durch unser kleines Ich ersetzen. Unsere Begeisterung für Macht, Prestige und Besitz rechtfertigt unsere aggressive Anmaßung, die nicht auf den Schaden achtet, den sie anderen zufügt. Unser Hochstapler beharrt darauf, dass es in einer Welt, in der jeder den anderen fressen will, nur eine vernünftige Haltung geben kann, nämlich selbst die Nummer Eins sein zu wollen. »Wie man sich bettet, so liegt man«, schreit das falsche Ich.

Das Böse, das in uns wirkt, führt uns zu einer unablässigen Beschäftigung mit uns selbst. Hier liegt die Quelle für unsere Brutalität, Besitzgier, Eifersucht und jede Art von Bosheit. Wenn wir unseren Egoismus vertuschen und das Böse in uns wegargumentieren, dann können wir nur noch so tun, als seien wir Sünder und als sei uns vergeben. Pseudo-Buße und Pseudo-Freude bilden nach und nach eine falsche Spiritualität, in der der äußere Schein für die Wirklichkeit gilt.

Wer vor dem Bösen in sich die Augen verschließt, wird nie erleben, worum es bei der echten Liebe geht.[119] Und solange wir unsere frömmlerische Bosheit nicht zugeben, werden wir nicht begreifen, was die Versöhnung bedeutet, die uns Jesus durch Golgatha brachte.

Demut, sagen geheilte Alkoholiker gern, ist eine fast rauschhafte Ehrlichkeit. Die Genesung von der Krankheit kann erst beginnen, wenn das tödliche Leugnen, das tief in der Persönlichkeit des Trinkers wohnt, aufgedeckt und zugegeben wird. Er oder sie muss erst ganz am Ende sein und den Augenblick der Wahrheit erreichen, in dem es schlimmer wäre, an der Flasche festzuhalten, als sie loszulassen. Genauso können wir das, was der gekreuzigte Rabbi uns zu geben hat, nicht empfangen, solange wir unsere Lage nicht zugeben, und unsere Hände nicht nach der Vergebung ausstrecken.

Der Weg der Versöhnung

Wenn wir nach einem Wort suchen, das den Auftrag und Dienst Jesu beschreibt, dann wäre *Versöhnung*, denke ich, keine schlechte Wahl. »Ja, Gott war es, der in Christus die Welt mit sich versöhnt hat, indem er den Menschen ihre Verfehlungen nicht anrechnete« (2. Korinther 5,19). Als Jesus sagte, wenn er von der Erde erhöht sei, würde er alle zu sich ziehen (Johannes 12,32), da meinte er die Erhöhung am Stamm des Kreuzes. In dem hilflosen Rabbi, der sich in Todesqualen windet, erfährt unsere Flucht vor uns selbst ihre totale und endgültige Umkehrung.

Durch sein Leiden, seine *Passion*, und seinen Tod hat Jesus die eigentliche Krankheit des menschlichen Herzens weggetragen und für immer die tödliche Umklammerung der Heuchelei aufgebrochen. Er hat unserer Einsamkeit ihre schreckliche Kraft genommen, indem er selbst in die äußersten Bereiche der Einsamkeit hinabstieg (»Mein Gott, mein Gott, warum hast du mich verlassen?« Matthäus 27,46). Er hat unsere Ignoranz, unsere Schwäche und unsere Torheit verstanden und uns allen Vergebung gebracht (»Vater, vergib ihnen, denn sie wissen nicht, was sie tun«, Lukas 23,34). Sein durchbohrtes Herz ist für die besiegten Zyniker, hoffnungslosen Sünder und sich selbst verachtenden Pflichtvergessenen aller Zeiten ein sicherer Zufluchtsort geworden. Gott hat *alles* mit sich versöhnt, *alles* im Himmel und *alles* auf der Erde, als er durch Jesu Tod am Kreuz Frieden schaffte (Kolosser 1,20).

Das Kreuz offenbart, dass Jesus die Sünde und den Tod besiegt hat und nichts, absolut nichts, uns von seiner Liebe trennen kann. Weder der Hochstapler noch der Pharisäer, weder ein mangelndes Bewusstsein noch fehlende Leidenschaft, weder die negativen Urteile anderer noch unsere schlechte Meinung von uns selbst, weder unsere skandalöse Vergangenheit noch die ungewisse Zukunft, weder die Machtkämpfe innerhalb der Kirche noch die Spannungen in unserer Ehe. Weder Angst noch Schuld, Scham noch Selbsthass noch der Tod können uns von der Liebe des Vaters trennen, die in Jesus, dem Herrn, sichtbar geworden ist (Römer 8,38-39).

Wenn wir auf den schwachen Herzschlag des sterbenden Rabbis lauschen, werden wir auch mit Macht dazu bewegt, die Leidenschaft wiederzugewinnen. Es ist ein Ton wie kein anderer.

Der Gekreuzigte sagt: »Bekenne deine Sünde, damit ich mich dir als Liebender, als Lehrer und als Freund offenbaren kann, damit die Furcht weicht und dein Herz wieder von der Leidenschaft belebt werden kann.« Sein Wort richtet sich an die, die sich selbst für überaus wichtig halten, genauso wie an jene, die sich von einem Gefühl der Wertlosigkeit niederdrücken lassen. Beide drehen sich um sich selbst. Beide nehmen einen gottgleichen Status für sich in Anspruch, weil sich ihre Aufmerksamkeit vor allem um ihre Bedeutung oder Bedeutungslosigkeit dreht.

Die Befreiung von chronischer Ich-Bezogenheit beginnt, wenn wir uns von Christus dort lieben lassen, wo wir gerade sind: »Der geistliche Mensch kann nur lieben, ... wenn er sich in seinen Kreisen um sich selbst bereits geliebt weiß. Nur wenn der Mensch entdeckt, dass er in seiner Sünde und Krankheit bereits angenommen ist, kann er das Kreisen um sich selbst als das erkennen, was es ist, und erst dann kann sich sein Psychohaushalt anderen öffnen, um sie anzunehmen, wie sie sind – nicht um sich selbst zu retten, sondern weil er sich nicht mehr selbst retten muss. Wir lieben nur, weil wir zuerst geliebt werden.«[120]

Von Juliana von Norwich stammt die erstaunliche Bemerkung: »Sünde wird keine Schande mehr sein, sondern eine Ehre.« Das Leben eines König David, eines Petrus, einer Maria Magdalena oder eines Paulus wie auch mancher moderner Zeugen unterstreicht ihre paradoxe Aussage. Sie alle stellten sich der Erkenntnis, dass sie zum Bösen fähig waren, aber sie verwandelten ihre leidenschaftliche Kraft durch die Gnade in etwas Konstruktives, Nobles, Gutes. In dieser geheimnisvollen Gnade zeigt sich der gekreuzigte Christus, der *alle* Dinge in sich selbst versöhnt hat und selbst unsere bösen Triebe zum Guten verwandeln kann.

Als Jesus sagte, wir sollten unsere Feinde lieben, da wusste er, dass seine Liebe unser verhärtetes Herz zum Schmelzen bringen und aus dem Feind einen Freund machen kann. Und das gilt vor allem anderen für den Feind in unserem Inneren. Denn unser schlimmster Feind sind immer wir selbst.

Wenn ich mit Geduld und Mitgefühl diesen Mörder lieben kann, diesen grausamen, gleichgültigen Menschen, diesen besitzergreifenden, neidischen, eifersüchtigen Menschen, diesen bösartigen, der seine Mitmenschen hasst – also mich selbst –, dann bin ich durch die Gnade dabei, ihn in etwas umzuwandeln, das gut und liebenswert, großzügig und freundlich und dessen Leben vor allem ungeheuer ansteckend ist.[121] Wie der Engel, der das Wasser anrührte, zu dem Arzt sagte: »Wo wäre deine Kraft ohne deine Wunden?«

Ein Mann in Australien hatte das Gefühl, sein Leben sei zu hart, er könne es nicht länger ertragen. Selbstmord kam nicht in Frage. Stattdessen kaufte er eine große Wellblechhütte und bestückte sie mit dem Allernotwendigsten. An die Wand hängte er ein Kruzifix, das ihn an den Rabbi erinnern und ihm beim Beten helfen sollte. Dort führte er ein untadeliges, einsames Leben, in dem es nur ein großes Problem gab.

Jeden Morgen und jeden Abend durchlöcherten zahllose Pistolensalven die Wände seiner Hütte. Er lernte bald, dass er sich auf den Boden legen musste, wenn er nicht erschossen werden wollte. Trotzdem erlitt er mehrere Verletzungen. Bald waren die Wände durchsiebt, und durch die Öffnungen kamen der Wind und das Tageslicht und manchmal auch Wasser, wenn es draußen regnete. Während er die Löcher zustopfte, verfluchte er den unbekannten Meister. Die Polizei, die er rief, erwies sich nicht als hilfreich, und er selbst konnte kaum etwas tun.

Allmählich begann er die Einschusslöcher positiv zu nutzen. Er spähte durch das eine oder andere hinaus und beobachtete die Menschen, die vorbeigingen: Kinder, die ihre Drachen steigen ließen, Liebespaare, die Hand in Hand vorbeiflanierten; die Wolken am Himmel, die Vögel in der Luft, die blühenden Blumen, den aufgehenden Mond. Dabei konnte er sich völlig vergessen.

Es kam der Tag, an dem seine Blechhütte völlig durchgerostet war und auseinander fiel. Er verließ sie mit wenig Bedauern. Draußen stand ein Mann mit einem Gewehr.

»Ich nehme an, Sie werden mich jetzt umbringen«, sagte der Mann aus der Wellblechhütte. »Aber vorher möchte ich gern eines wissen: Warum verfolgen Sie mich? Warum sind Sie mein Feind, wo ich Ihnen nie etwas Böses getan habe?«

Der andere legte sein Gewehr zur Seite und lächelte ihn an.

»Ich bin nicht dein Feind«, sagte er. Und der Mann aus der Wellblechhütte sah, dass der andere an seinen Händen und Füßen Narben trug, und diese Narben leuchteten wie die Sonne.[122]

Das Leben der Menschen, die ganz im Lebenskampf um ihr Dasein aufgehen, wird von Kugeln durchsiebt. Alles, was Jesus in seinem Leben widerfuhr, wird auf die eine oder andere Weise auch uns widerfahren. Wunden sind nötig. Zu meinen, es sei normal und angemessen, ohne Wunden zu leben, ist eine Illusion.[123] Wer eine kugelsichere Weste trägt, um sich vor Versagen, Schiffbruch und Kummer zu schützen, wird nie erfahren, was Liebe ist. Das Leben ohne Wunden hat mit dem des Rabbis keine Ähnlichkeit.

Kurz nach meinem Eintritt ins Seminar ging ich zu einem Priester. Ich erzählte ihm von den zahllosen Zechereien während meiner drei Jahre bei der Marine und wie ich mich grämte wegen der Zeit, die ich mit Zügellosigkeit vergeudet hatte. Zu meiner Überraschung lächelte er und erwiderte: »Sei froh darüber. Du wirst Mitgefühl für die Menschen haben, die denselben Weg gehen. Gott wird deinen Zerbruch gebrauchen, um viele Menschen zu segnen.« Wie Juliana von Norwich es gesagt hat: »Die Sünde wird keine Schande mehr sein, sondern eine Ehre.« Die Spannung zwischen Gut und Böse wird von dem gekreuzigten Rabbi überwunden, der alle Dinge mit sich selbst versöhnt hat. Wir brauchen uns von unserer Schuld nicht bei lebendigem Leib auffressen zu lassen. Wir können aufhören, uns selbst zu belügen. Das versöhnte Herz sagt, dass alles, was mir je widerfahren ist, geschah, um mich zu dem zu machen, der ich bin – *alles ohne Ausnahme.*

Von Thomas Morus stammt die Erkenntnis: »Unsere Depressionen, unsere Eifersucht, unser Narzissmus und unser Versagen stehen nicht im Widerspruch zum geistlichen Leben. Im Gegenteil, sie sind ganz wesentlich. Wenn sie recht behandelt werden, dann hindern sie den Geist daran, in Perfektionismus und geistlichen Stolz abzudriften.«[124]

Führt dieser menschenfreundliche Ansatz zu Selbstgefälligkeit? Wer den Herzschlag des entehrten Rabbis gehört hat, der von den Menschen verachtet und gemieden und durch unsere Übertretungen verletzt wurde, der wird eine solche Frage nie stellen.

Ganz angenommen sein

Nur in einer ganz intimen Beziehung können wir es zulassen, dass ein anderer uns so kennen lernt, wie wir wirklich sind. Es ist für uns selbst schon schwer genug, mit dem Wissen um unseren Geiz und unsere Seichtheit, unsere Ängste und unsere Untreue zu leben. Unsere dunklen Geheimnisse einem anderen zu offenbaren, erscheint uns jedoch als zu großes Risiko. Der Schwindler will sein Versteck nicht verlassen. Er greift nach dem Kosmetikköfferchen und macht sich das Gesicht zurecht, damit er »vorzeigbar« ist.

Mit wem kann ich mich messen? Vor wem kann ich meine Seele offenlegen? Wem kann ich sagen, dass ich genauso gutwillig wie böswillig bin, keusch und vulgär, mitfühlend und nachtragend, selbstlos und selbstsüchtig? Dass hinter meinen mutigen Worten ein verängstigtes Kind lebt? Dass ich mit Religion wie mit Pornographie herummache? Dass ich einen Freund schlecht gemacht, ein Versprechen gebrochen und Vertrauen missbraucht habe? Dass ich tolerant und rücksichtsvoll bin, ein Heuchler und ein Prahlhans und dass ich Bohnen hasse?

Die größte Angst von allen ist die, dass ich, wenn ich den Hochstapler offenbare und mein wahres Ich bloßlege, von meinen Freunden verlassen und von meinen Feinden lächerlich gemacht werde.

Unser Drang nach Wahrung der Privatsphäre wurzelt in der Angst vor Ablehnung. Wenn wir spüren, dass wir nicht angenommen werden, können wir die Last der Sünde nicht ablegen, son-

Trost für Abbas Kinder

Die Braut im Hohenlied Salomos sagt: »Ich schlief, aber mein Herz war wach. Da ist die Stimme meines Freundes, der anklopft: Tu mir auf, liebe Freundin, meine Schwester, meine Taube, meine Reine! ... Mein Freund steckte seine Hand durchs Riegelloch, und mein Innerstes wallte ihm entgegen. Da stand ich auf, dass ich meinem Freunde auftäte; meine Hände troffen von Myrrhe und meine Finger von fließender Myrrhe am Griff des Riegels« (5,2+4-5).

Der schäbige Haufe der Jünger, die etwas vom Geist der Braut erfasst, Jesus die Tür geöffnet, sich am Tisch zurückgelehnt und seinen Herzschlag gehört haben, wird auf mindestens dreifache Art getröstet.[128]

Erstens: Im Augenblick, wo sie ihr Ohr an seine Brust legen, hören sie in der Ferne auch die Schritte des Vaters. Ich weiß nicht, wie das geschieht, aber es ist so. Von der intellektuellen Erkenntnis hin zum erfahrenen Bewusstsein, dass Jesus und der Vater durch das Band der Liebe im Heiligen Geist eins sind, ist es ein ganz einfacher Schritt. Ohne Nachdenken oder langes Planen löst sich aus dem Herzen ganz spontan der Ruf: »Vater, ich gehöre zu dir.« *Das Wissen, im Sohn selbst Sohn oder Tochter zu sein*, erwacht tief in unserer Seele, und die leidenschaftliche Liebe Jesu für den Vater geht auf uns über. Im Abba-Erlebnis werden wir verlorenen Kinder, ganz egal wie schmutzig, wie mitgenommen oder erledigt wir sind, von einer väterlichen Wärme von solcher Tiefe und Zärtlichkeit überwunden, dass es uns die Sprache verschlägt. Während unser Herz sich dem Herzschlag des Vaters anpasst, erleben wir eine Gnade, eine Güte und ein Mitgefühl, das alles Begreifen übersteigt. »Das ist das Geheimnis des Evangeliums: Wie kann der transzendente Andere so unglaublich nahe kommen, so vorbehaltlos lieben?«[129] Wir haben nur eine Erklärung: Der Lehrer sagt, so sei er nun einmal.

Zweitens erkennen wir, *dass wir nicht allein unterwegs sind*. Der Verkehr ist stark. Überall begegnen wir Reisegenossen. Es sind nicht mehr nur Jesus und ich. Die Straße ist voll von moralischen und unmoralischen, von dicken und dünnen Leuten, von Freunden und Feinden, Sicherheitsleuten und Bankräubern – eine verwirrende Vielfalt. Und der Rabbi hat natürlich gesagt, wir sollten alle lieben, die uns begegnen. Was wir für sie tun, das tun wir für ihn.

Das wissen wir schon lange. Schon früh haben wir in Sonntagsschule oder Religionsunterricht die goldene Regel gelernt: »Was du nicht willst, das man dir tu, das füg auch keinem andern zu« (nach Matthäus 7,12). Unsere traurigen Ehen, kaputten Familien, zerrissenen Gemeinden und lieblosen Beziehungen weisen jedoch darauf hin, dass wir nicht gut gelernt haben.

Auswendig lernen, »mit dem Herzen lernen«, wie es auf Englisch heißt, ist jedoch etwas ganz anderes. Der unnachgiebige, zärtliche Herzschlag des Rabbis macht das Lieben ungeheuer persönlich, direkt und dringend. Er sagt: »Ich gebe euch ein neues Gebot. Es ist mein Gebot. Es ist *alles*, was ich euch gebiete. Liebt einander so, wie ich euch geliebt habe« (Johannes 13,34). Nur Liebe und Vergebung zählen. Liebe ist der Schlüssel zu allem. Leben und Lieben sind eins. Herz spricht zum Herzen. Der Rabbi fleht uns an: »Versteht ihr nicht, dass es in der Nachfolge nicht darum geht, es richtig zu machen oder perfekt zu sein? Es geht einzig darum, wie ihr miteinander umgeht.«

In jeder Begegnung geben wir entweder Leben weiter oder wir ersticken es. Es gibt keinen neutralen Raum. Wir stärken die Würde des Menschen oder wir setzen sie herab. Erfolg oder Versagen eines jeden Tages werden daran gemessen, wie weit wir uns für die Menschen unserer Umgebung interessiert haben und ihnen mit Mitgefühl begegnet sind. Wir sind daran zu erkennen, wie wir auf die Nöte der Menschen eingehen. Die Frage ist nicht, was wir unserem Nächsten gegenüber empfinden, sondern was wir für ihn getan haben. Wir offenbaren unser Herz in der Art, wie wir einem Kind zuhören, mit dem Briefträger reden, eine Beleidigung erdulden und unsere Mittel mit dem Bedürftigen teilen.

Es gibt eine alte Anekdote von einem Bauernjungen, dessen besondere Gabe es war, entlaufene Esel wiederzufinden. Als er einmal gefragt wurde, wie er das mache, erwiderte er: »Ich stelle mir einfach vor, wo ich hingehen würde, wenn ich so ein Dummkopf wäre, und da ist er dann auch.« Übertragen und positiver könnte man sagen: Der Jünger, der dem Herzschlag des Rabbi lauscht, hört, wo Jesus sein würde, und dort ist er auch.

Drittens: Wenn wir uns am Tisch mit Jesus zurücklehnen, dann erfahren wir auch: Die Wiederentdeckung der Leidenschaft hängt ganz eng damit zusammen, dass wir das Leiden Jesu wieder entdecken.

Am See Genezareth fand zwischen Jesus und Petrus ein ganz ungewöhnliches Gespräch statt. Wir hören die bewegende Frage: »Hast du mich lieb?« Wenn wir unsere wirren Zerstreuungen einmal ablegen und aufmerksam hinhören, dann vernehmen wir hier den gequälten Ruf eines Gottes, *wie er nie vorher gehört wurde*. Was geht da vor?

Keine Gottheit irgendeiner Religion hat sich je so weit herabgelassen, uns zu fragen, *was wir für sie empfinden*. Die heidnischen Götter schleudern Blitz und Donner, um ihren Dienern zu zeigen, wer das Sagen hat. Der Rabbi aber, in dem die ganze Unendlichkeit wohnt, fragt, ob uns an ihm liegt. Der Jesus, der einen blutigen, gottverlassenen Tod starb, damit wir leben, fragt uns, *ob wir ihn lieben!*

Die etymologische Wurzel des Wortes »Passion« ist das lateinische Verb *passio*, was sowohl »Leiden« wie auch »Leidenschaft« bedeutet. Das Leiden Jesu in seinem Dialog mit Petrus besteht darin, dass er einem anderen gegenüber freiwillig sein Innerstes offenbart und sich von ihm *anrühren* lässt; »es ist das Leiden des leidenschaftlichen Gottes«.[130]

Dass Gott sich so verletzlich macht und es zulässt, von unserer Antwort angerührt zu werden oder dass Jesus Tränen über Jerusalem vergießt, das ihn nicht aufnehmen wollte, ist absolut erstaunlich. Der christliche Glaube besteht nicht in erster Linie in dem, was wir für Gott tun, sondern darin, was Gott für uns tut – in all den großen, wundersamen Dingen, die Gott sich ausgedacht und in Jesus Christus für uns geschaffen hat. Wenn Gott durch die Kraft seines Wortes in unser Leben strömt, dann erwartet er nichts anderes, als dass uns vor Überraschung und Staunen der Mund offen bleibt und wir erst einmal tief Luft holen.

Die Wiederentdeckung der Leidenschaft hat ganz viel mit Überraschung zu tun. Wir werden von der überwältigenden Kraft des Geheimnisses fortgespült. Unsere Befangenheit löst sich auf in dem, was der Theologe Rudolf Otto das »mysterium tremendum« – Erzittern machendes Geheimnis – nannte. Der transzendente Gott holt uns ein und überwindet uns. Eine solche Erfahrung kann wie eine sanfte Flut über unser Bewusstsein spülen und Herz und Sinn mit einem stillen Geist tiefer Anbetung sättigen. Ehrfurcht, Staunen und Anbetung führen zu sprachloser Demut. Wir haben einen kurzen Blick auf den Gott erhascht, von dem wir uns nie träumen ließen.

Oder wir werden von dem heimgesucht, was die hebräische Tradition die *kabod jahweh* nennt, die gebieterische Herrlichkeit Gott. Eine tiefe, erdrückende Stille erfüllt das innere Heiligtum unserer Seele. Uns wird allmählich bewusst, dass Gott der ganz Andere ist. Die Kluft zwischen Schöpfer und Geschöpf ist unüberbrückbar. Wir sind Sandkörnchen an einem unendlichen Strand. Wir stehen in der gebieterischen Gegenwart Gottes. Alle Zeichen unserer Unabhängigkeit sind uns genommen, unsere Prahlereien verschwinden. Es genügt nicht mehr, im Wissen um seine Zärtlichkeit zu leben. Gottes Name lautet Gnade.

Der Glaube beginnt sich zu regen, und Angst und Zittern finden wieder Worte.

In der Anbetung Gottes erleben wir unsere eigene, ungeheure Armut. Aus dem Obergemach, in dem Johannes seinen Kopf an Jesu Brust lehnte, sind wir in das Buch der Offenbarung gelangt, wo der geliebte Jünger vor dem Lamm Gottes auf sein Angesicht fällt.

Kluge Frauen und Männer haben schon lange behauptet, Glück sei, ohne Vorbehalte wir selbst zu sein. Lassen wir es doch zu, dass der Große Rabbi uns schweigend an seinem Herzen hält. Wenn wir erleben, wer er ist, erkennen wir auch, wer wir selbst sind – ein Kind in seinen Armen, in den Armen des Vaters durch Christus, unseren Herrn.

ANMERKUNGEN

[1] Flannery O'Connor, *The Collected Works of Flannery O'Connor,* New York 1991, S. 42-54
[2] Richard J. Foster, *Gottes Herz steht allen offen,* Wuppertal 1994, S. 9
[3] Julian of Norwich, *The Revelations of Divine Love,* New York 1966, S. 56
[4] Thomas Merton, *The Hidden Ground of Love: Letters,* New York 1985, S. 146
[5] Simon Tugwell, *The Beatitudes: Soundings in Christian Tradition,* Springfield 1980, S. 130
[6] Thomas Merton, S. 38
[7] David Seamands, *Heilung der Gefühle,* 11. Aufl., Marburg 1997, S. 42
[8] Morton Kelsey, *Encounters with God,* zitiert bei Parker Palmer, The Monastic Renewal of the Church, in: *Desert Call,* einer Zeitschrift, die vom Spiritual Life Institute of America in Crestone, Colorado, herausgegeben wird
[9] Henri J. M. Nouwen, *Du bist der geliebte Mensch,* 8. Aufl., Freiburg 1998, S. 27-29
[10] James Finley, *Merton's Place of Nowhere,* Notre Dame 1978, S. 53
[11] Juliana von Norwich, Kap. 73
[12] Thornton Wilder, *The Angel That Troubled the Waters and Other Plays,* New York 1928, S. 20
[13] Henri J.M. Nouwen, *Geheilt durch seine Wunden,* Freiburg 1987, S. 119-120
[14] James A. Knight, M.D., *Psychiatry and Religion: Overlapping Concerns,* hrsg. von Lillian Robinson, M.D., Washington, American Psychiatric Press, 1986. Der hervorragende Artikel von Knight, »The Religio-Psychological Dimension of Wounded Healers«, dient mir hier als Hauptquelle für meine Überlegungen.
[15] Georges Bernanos, *Tagebuch eines Landpfarrers,* Köln/Olten, 10. Auflage 1964, S. 303
[16] Walter J. Burghardt, *To Christ I Look,* New York/Mahwah 1982, S. 15. Aus »Zapping the Zelig« in einer weiteren seiner Predigtsammlungen, *Still Proclaiming Your Wonders.*
[17] James Masterson, *The Search for the Real Self,* New York 1988, S. 67
[18] John Bradshaw, *Home Coming,* New York/Toronto 1990, S. 8
[19] Susan Howatch, *Blendende Bilder,* München 1988
[20] Thomas Merton, zitiert bei: James Finley, *Merton's Place of Nowhere,* S. 34
[21] Howatch, S. 162
[22] Masterson, S. 63
[23] Masterson, S. 66
[24] Masterson, S. 65
[25] Jeffrey D. Imbach, *The Recovery of Love,* New York 1992, S. 62-63
[26] Finley, S. 36
[27] Thomas Merton, *New Seeds of Contemplation,* New York 1961, S. 35
[28] Simon Tugwell, *The Beatitudes: Soundings in Christian Tradition,* S. 112
[30] C.G. Jung, *Modern Man in Search of a Soul,* New York 1933, S. 235
[31] William Least Heat Moon, *Blue Highways,* New York 1982, S. 108-109
[32] Monica Furlong, *Merton: A Biography,* San Francisco 1980, S. 18
[33] John Eagan, *A Traveler Toward the Dawn,* Chicago 1990, S. XII
[34] Thomas Merton, zitiert bei: James Finley, *Merton's Place of Nowhere,* S. 71
[35] Eagan, S. 150-151

[36] Henri J. M. Nouwen, *Du bist der geliebte Mensch*, S. 26
[37] Finley, S. 96
[38] Mike Yaconelli, *The Back Door*. Auf Deutsch sind von diesem originellen Autor erschienen: *Der ungezähmte Glaube. Warum Christsein ein Abenteuer ist*, Wuppertal 1998 und *Jetzt mal ehrlich*, Wuppertal, 2. Auflage 1994. Letzteres enthält eine Reihe seiner Artikel aus The Door.
[39] Edward Schillebeeckx, *The Church and Mankind*, New York 1976, S. 118
[40] Frederick Buechner, *The Clown in the Belfry*, San Francisco 1992, S. 171
[41] Joachim Jeremias, *Die Gleichnisse Jesu*, Göttingen 1977, S. 190
[42] Gerald G. May, *Addiction and Grace*, San Francisco 1988, S. 168
[43] Richard J. Foster, *Gottes Herz steht allen offen*, S. 94
[44] Hans Küng, *Christ sein*, München 1974, S. 263-264
[45] Küng, S. 264
[46] Donald Gray, *Jesus – the Way to Freedom*, Winona 1979, S. 70
[47] Stephen Covey, *The Seven Habits of Highly Effective People*, Audio Cassette eines Seminars
[48] Walter J. Burghardt, *To Christ I Look*, S. 78-79
[49] Henri J. M. Nouwen, *Du bist der geliebte Mensch*, S. 37
[50] Robert J. Wicks, *Touching the Holy*, Notre Dame 1992, S. 87
[51] Vgl. Wendell Barry, *The Hidden Wound*, San Francisco 1989, S. 4.
[52] Frederick Buechner, *The Clown in the Belfry*, S. 146
[53] Anthony DeMello, *The Way to Love*, New York 1991, S. 77
[54] Anthony DeMello, *The Way to Love*, S. 54
[55] Eugene Kennedy, *The Choice to be Human*, New York 1985, S. 128
[56] Thomas Moore, *The Care of the Soul*, San Francisco 1992, S. 166
[57] Kennedy, S. 21
[58] James Finley, *Merton's Place of Nowhere*, S. 54
[59] aus: Simon Tugwell, *The Beatitudes: Soundings in Christian Tradition*, S. 138
[60] Brennan Manning, *A Stranger to Self-Hatred*, Denville 1982, S. 97
[61] Johannes 11,33
[62] Matthäus 15,7-9
[63] Matthäus 9,36
[64] Lukas 7,13
[65] Lukas 19,41
[66] Johannes 8,44+55
[67] Markus 14,6
[68] Matthäus 17,17
[69] Matthäus 16,23
[70] Lukas 8,46
[71] Johannes 2,16
[72] Anthony DeMello, *Awareness: A Spirituality Conference in His Own Words*, New York 1990, S. 28
[73] John Shea, *Starlight*, New York 1993, S. 92
[74] John McKenzie, *The Power and the Wisdom*, New York 1972, S. 208
[75] DeMello, *The Way of Love*, S. 73
[76] Brennan Manning, *The Gentle Revolutionaries*, Denville 1976, S. 39
[77] William McNamara, *Mystical Passion*, Amity 1977, S. 57

[78] Jean Gill, Unless *You Become Like a Child*, New York 1985, S. 39
[79] Anne Tyler, *Fast ein Heiliger*, Frankfurt/M. 1992, S. 120
[80] Frederick Buechner, *The Magnificient Defeat*, San Francisco 1966, S. 135
[81] H.A. Williams, *True Resurrection*, London 1972, S. 5
[82] William Barry, *God's Passionate Desire and Our Response*, Notre Dame, IN, 1993, S. 109
[83] John Shea, *Starlight*, S. 165
[84] *A Conversation with Frederick Buechner*, aus: Image: A Journal of the Arts and Religion, Front Royal, Frühjahr 1989, S. 56-57
[85] Brennan Manning, *Größer als dein Herz. Erleben, was Gnade heißt*, Wuppertal 1998, S. 77
[86] Peter G. van Breeman, *Certain as the Dawn*, S. 83. Hier fand ich die überraschende Aussage von Garaudy.
[87] Anne Tyler, *Fast ein Heiliger*, S. 189-190
[88] Don Aelred Watkin, *The Heart of the World*, London 1954, S. 94
[89] Barry, S. 115
[90] Apostelgeschichte 9,4-6; 22,14; 2. Timotheus 4,17; 2. Korinther 1,4-5; 12,1
[91] van Breeman, *Certain as the Dawn*, S. 125
[92] Minjan ist die Zahl von zehn Männern; weniger dürfen es für einen jüdischen Gottesdienst nicht sein.
[93] Peter G. van Breeman, *Called By Name*, Denville 1976, S. 38
[94] Richard Schickel, *More Than a Heart Warmer: Frank Capra:* 1987-1991, Time-Magazin, 138, Nr. 11 v. 16. September 1991, S. 77. Entnommen aus: Walter Burghardt, *When Christ Meets Christ*, Mahwah 1993, S. 77
[95] Thomas Moore, *The Care of the Soul*, S. 200
[96] Joachim Jeremias, *Die Gleichnisse Jesu*, S. 199
[97] Jeffrey D. Imbach, *The Recovery of Love*, New York 1992, S. 134
[98] John Shea, *Starlight*, S. 115-117. Die Geschichte, die auf Reuben Gold und die chassidische Tradition zurückgeht, wurde von Shea neu bearbeitet.
[99] zitiert in: Robert J. Wicks, *Touching the Holy*, S. 14
[100] Brennan Manning, *Lion and Lamb: The Relentless Tenderness of Jesus*, Old Tappan 1986, S. 129-130
[101] Raymond Brown, *The Churches of the Apostles Left Behind*, New York 1984, S. 93
[102] Henri J. M. Nouwen, *Seelsorge, die aus dem Herzen kommt*, Freiburg, 7. Aufl. 1997, S. 33. Eine aufschlussreiche und anregende, biblisch begründete Untersuchung zum Thema Leitung in der Gemeinde.
[103] Anthony DeMello, *The Way to Love*, S. 64
[104] Peter G. van Breeman, *Called By Name*, S. 88
[105] Zitiert bei: Breeman, S. 39
[106] Johannes B. Metz, *Poverty of Spirit*, New York 1968, S. 39-40
[107] Markus 3,21; Lukas 7,34; Markus 3,22; Matthäus 13,54-58
[108] Metz, S. 40
[109] Beatrice Bruteau, *Radical Optimism*, S. 95
[110] Sebastian Moore, *The Fire and the Rose Are One*, New York 1980, S. 14
[111] Simon Tugwell, *The Beatitudes: Soundings in Christian Traditions*, S. 54-55
[112] Edward Schillebeeckx, *For the Sake of the Gospel*, New York 1992, S. 28
[113] Walter Burghardt, *Tell the Next Generation*, New York 1980, S. 315

[114] Iris Murdoch, *The Nice and the Good*, New York 1978, S. 315
[115] William Johnston, *Being In Love*, San Francisco 1989, S. 99
[116] Johannes 15,13; 16,26-27; 14,18.21; 16,22
[117] John Shea, *An Experience Named Spirit*, Chicago 1986, S. 166. Ich habe Sheas Ausführungen über das abgewiesene Herz verwandt und auf das zynische Herz umgedeutet, da es sich meiner Meinung nach bei beidem um dieselbe Sache handelt.
[118] Victor Frankl, *Psychotherapy and Existentialism*, New York 1967, S. 9
[119] Sebastian Moore, *The Crucified Jesus Is No Stranger*, S. 37
[120] John Cobb, *The Structure of Christian Existence*, Philadelphia 1968, S. 135
[121] H. A. Williams, *True Resurrection*, S. 157
[122] James K. Baxter, *Jerusalem Daybreak*, Wellington 1971, S. 2. Ich habe die Geschichte in einigen Punkten leicht verändert, was jedoch keinen Einfluss auf den Sinn der Geschichte hat.
[123] Thomas Moore, *The Care of the Soul*, S. 263
[124] Th. Moore, S. 112
[125] Moore, *The Crucified Jesus Is No Stranger*, S. 99
[126] Moore, S. 100
[127] Ich habe hier häufig den Titel *Rabbi* für Jesus verwendet. Einmal, weil er mein Lehrer geworden ist. In einem Leben der Leere und Zügellosigkeit, in dem mir nichts wichtig war als meine eigene Bequemlichkeit, lehrte mich Jesus einen neuen Sinn und führte mich aus der Finsternis ins Licht. – Die Bezeichnung *Rabbi* erinnert uns aber auch daran, dass Jesus Jude war und wir selbst im Glauben jüdische Wurzeln haben (Römer 9,45). Wir brauchen ein neues Verständnis des jüdischen Glaubens und seines Schicksals. Antisemitismus ist ein Schlag ins Gesicht unseres Erlösers. Zu unserer Schande kamen viele dieser Schläge gerade von den Christen. Wir brauchen mehr Begegnung zwischen Christen und Juden. Immer wieder haben Juden wie Shylock in Shakespeares *Kaufmann von Venedig* Grund gehabt, uns daran zu erinnern, dass sie sind wie wir: »Hat nicht ein Jude Augen? Hat nicht ein Jude Hände, Gliedmaßen, Werkzeuge, Sinne, Neigungen, Leidenschaften? Mit derselben Speise genährt, mit denselben Waffen verletzt, denselben Krankheiten unterworfen, mit denselben Mitteln geheilt, gewärmt und gekältet von eben dem Winter und Sommer als ein Christ? Wenn ihr uns stecht, bluten wir nicht? Wenn ihr uns kitzelt, lachen wir nicht? Wenn ihr uns vergiftet, sterben wir nicht?« (William Shakespeare, *Der Kaufmann von Venedig*, dritter Aufzug, 1. Szene; Übersetzung von August Wilhelm von Schlegel)
[128] Drei Bücher mit hilfreichen Empfehlungen, wie wir ein Bewusstsein für die Gegenwart des Auferstandenen entwickeln und pflegen können, haben mir sehr geholfen: der zeitlose Klassiker von Bruder Lorenz, *Allzeit in Gottes Gegenwart. Briefe, Gespräche und Schriften,* mit einer Lebensbeschreibung von Gerhard Tersteegen, Metzingen, sowie zwei neuere Werke, *The Awakened Heart* von Gerald May und *Radical Optimism* von Beatrice Bruteau.
[129] Donald Gray, *Jesus – The Way to Freedom*, S. 69
[130] Jürgen Moltmann, *Trinität und Reich Gottes. Zur Gotteslehre*, Gütersloh, 3. Aufl. 1994, S. 38

Über den Autor

Brennan Manning – dessen Taufnamen Richard Francis Xavier lauten – kam während der großen Depression 1934 in New York City zur Welt. Seine Kindheit verbrachte er mit seinem Bruder und seiner Schwester in Brooklyn. Nach dem Highschool-Abschluss und zwei Jahren an der St. Johns-Universität in Queens meldete er sich zur Marine und wurde nach Korea in den Krieg geschickt.

Nach seiner Rückkehr begann er an der Universität von Missouri eine Journalisten-Ausbildung, die er jedoch bereits nach einem Semester wieder abbrach. Er war unruhig und suchte nach »mehr« im Leben. »Vielleicht ist Gott dieses ›Mehr‹«, hatte ein Studienberater gemeint und Brennan damit den Auslöser geliefert, sich an einem katholischen Seminar in Loretto in Pennsylvania anzumelden.

Im Februar 1956, während einer Meditation über die Stationen des Kreuzwegs, erlebte er ein mächtiges Eingreifen der Liebe Christi, das den Ruf Gottes an sein Leben besiegelte. »In diesem Augenblick«, erinnerte er sich später, »wurde das gesamte Christenleben für mich zu einer nahen, innigen Beziehung zu Jesus Christus.« Vier Jahre später schloss er das St. Francis-College ab (Hauptfach Philosophie, Nebenfach Latein) und begann ein vierjähriges Theologiestudium. 1963 beendete er die Ausbildung am St. Francis-Seminar und trat in den Franziskanerorden ein.

Anschließend war er theologischer Lehrer und Studentenseelsorger an der Universität von Steubenville, Lehrer für Liturgik und geistlicher Rektor im St. Francis-Seminar. Er studierte kreatives Schreiben an der Columbia-Universität und Bibel und Liturgie an der Katholischen Universität von Amerika. Sein Dienst führte ihn aber auch aus den Hallen der Wissenschaft auf die Gassen der Armen. Er lebte und arbeitete unter den Armen in Europa und in Amerika.

Eine zweijährige Beurlaubung von seinem Orden führte Brennan Ende der sechziger Jahre nach Spanien. Dort schloss er sich den Kleinen Brüdern Jesu von Charles de Foucauld an, einem Orden, der das kontemplative Leben außerhalb der Klostermauern unter den Armen pflegt – der Tag ist der praktischen Arbeit gewidmet, die Nacht der Stille und dem Gebet. Mit Esel und Pritschenwagen brachte Brennan Wasser in abgelegene Dörfer. In der sengenden spanischen Sonne half er einem Maurer bei der Arbeit und schaufelte Schlamm und Stroh. Er war Tellerwäscher in Frankreich. In der Schweiz ging er freiwillig ins Gefängnis, und nur der Wärter wusste, dass er ein Priester war. Und er zog sich für sechs Monate in eine Höhle in der Wüste von Zaragoza zurück, um in der Einsamkeit zu meditieren.

In dieser Zeit in der Höhle erfuhr er erneut eine machtvolle Offenbarung der Liebe Gottes im gekreuzigten Jesus Christus. Mitten in einer Winternacht erhielt er vom Herrn das folgende Wort: »Aus Liebe zu dir habe ich meinen Platz beim Vater verlassen. Ich kam zu dir, der vor mir davongerannt, und vor mir geflohen ist, der meinen Namen nicht hören wollte. Aus Liebe zu dir wurde ich bespuckt, gestoßen und geschlagen und ans Holz des Kreuzes genagelt.« Später sagte Brennan Manning darüber: »Diese Worte haben sich in mein Leben eingebrannt. In jener Nacht begriff ich, was ein weiser alter Franziskanerpater mir am Tag meines Eintritts in den Orden sagte: ›Wenn du erst einmal die Liebe Jesu Christi erfahren hast, wird es auf dieser Welt nichts Schöneres oder Begehrenswerteres mehr geben.‹«

Anfang der siebziger Jahre kam Brennan zurück in die Vereinigten Staaten. Gemeinsam mit vier anderen Priestern gründete er in Bayou La Batre, einer geschäftigen Hafenstadt in Alabama, eine Lebensgemeinschaft. Als Vorbild diente ihnen das einfache Leben der Franziskaner. Die Brüder bezogen ein Haus an der Mississippi-Bay, fuhren am Morgen mit den Krabbenfischern hinaus und erzählten ihnen und ihren Familien, zu denen die Kirche schon lange keinen Zugang mehr hatte, vom Glauben. Neben ihrem Haus standen die Überreste einer Kapelle, die vom Hurrikan Camille zerstört worden war. Die fünf Brüder richteten sie wieder her und boten jeden Freitag ein Abendgebet an. Die Zusammenkünfte waren bald sehr beliebt, und viele Familien fanden dadurch wieder zurück in die Gemeinde.

Von Alabama zog Brennan Mitte der siebziger Jahre nach Fort Lauderdale in Florida und nahm am Broward Community College eine Tätigkeit als Studentenseelsorger auf. Der erfolgreiche Dienst wurde jedoch durch einen Rückfall in den Alkoholismus abrupt unterbrochen. Eine sechsmonatige Therapie, einschließlich einer Behandlung in Minnesota, half ihm, den Weg aus der Krise zu finden.

An diesem Punkt seines Lebens begann er ernsthaft mit dem Schreiben. Ein Buch folgte dem anderen, immer häufiger wurde er zu Vorträgen und Freizeiten eingeladen. Der neue Weg, auf den Gott ihn berufen hatte, brachte es schließlich mit sich, dass er den Franziskanerorden verließ. 1982 heiratete er Roslyn Ann Walker und ließ sich mit ihr in New Orleans nieder.

Heute ist Brennan häufig auf Reisen. Er schreibt und predigt und ermuntert die Menschen überall, die gute Nachricht von Gottes bedingungsloser Liebe in Jesus Christus im Glauben anzunehmen.

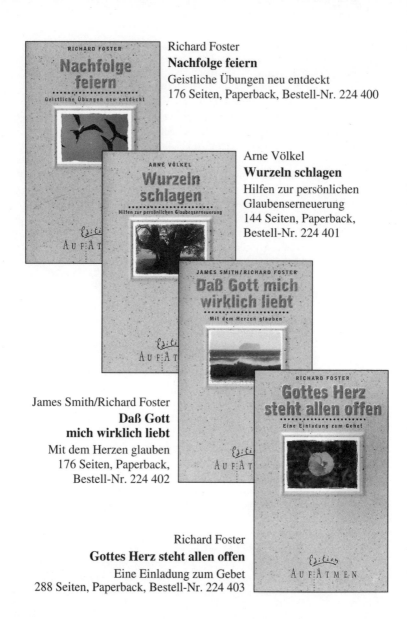

Richard Foster
Nachfolge feiern
Geistliche Übungen neu entdeckt
176 Seiten, Paperback, Bestell-Nr. 224 400

Arne Völkel
Wurzeln schlagen
Hilfen zur persönlichen
Glaubenserneuerung
144 Seiten, Paperback,
Bestell-Nr. 224 401

James Smith/Richard Foster
**Daß Gott
mich wirklich liebt**
Mit dem Herzen glauben
176 Seiten, Paperback,
Bestell-Nr. 224 402

Richard Foster
Gottes Herz steht allen offen
Eine Einladung zum Gebet
288 Seiten, Paperback, Bestell-Nr. 224 403

R. BROCKHAUS VERLAG WUPPERTAL

BUNDES-VERLAG WITTEN

Jean Vanier
In Gemeinschaft leben
Meine Erfahrungen
432 Seiten, Paperback, Bestell-Nr. 224 412

Brennan Manning
Größer als mein Herz
Erleben, was Gnade heißt
184 Seiten, Paperback,
Bestell-Nr. 224 409

Mike Yaconelli
Der ungezähmte Glaube
Warum Christsein ein Abenteuer ist
128 Seiten, Paperback,
Bestell-Nr. 224 407

James Smith
Den Glauben vertiefen und erneuern
Ein Arbeitsbuch für Gruppen
160 Seiten, Paperback, Bestell-Nr. 224 410

R. BROCKHAUS VERLAG WUPPERTAL

BUNDES-VERLAG WITTEN

AUF ATMEN

GOTT BEGEGNEN – AUTHENTISCH LEBEN

DAS MAGAZIN ZUM BUCH

AUF ATMEN – sich ausklinken aus dem Streß des Alltags und zur Ruhe kommen in der Gegenwart Gottes. Zurückfinden zu einem Glauben, der kindlich vertrauend und tief zugleich ist. Ehrlich und authentisch Versagen eingestehen, sich Sehnsucht nach einem kraftvolleren Leben erlauben, Angst überwinden und neue Hoffnung gewinnen. Ermutigung aus den Erfahrungen anderer schöpfen, Glaube entdecken, der im Alltag relevant wird. Neues hören und wachsen lassen, Gott und einander in der Tiefe begegnen.

Stimmen zum Magazin AUF ATMEN:

„Danke! Mein toter Gott ist durch diese Zeitschrift wieder lebendig geworden!"
S. H., 24536 Neumünster

„AUFATMEN ist einsame Spitze! Ich habe durch Ihr Magazin eine völlig neue Beziehung zu Gott bekommen und bete, daß es noch vielen so geht!"
C. Weimer, 35043 Marburg

„Umwerfend! Ihr Heft ließ mich in langen Nachtstunden neu entdecken, erkennen, staunen und aufatmen!"
W. Münnich, 73527 Schwäbisch Gmünd

AUF ATMEN erscheint viermal jährlich mit 104 farbigen Seiten in wertvoller Aufmachung, Einzelhefte (DM 9,–) und Abos (DM 29,– pro Jahr, zzgl. Versandkosten) sind erhältlich bei:

AUF ATMEN, **Bundes-Verlag GmbH, Postfach 40 65, 58426 Witten, Telefon 0 23 02/9 30 93-20, Telefax 0 23 02/9 30 93-10**